失敗が教えてくれること

誰も完璧じゃない
Nobody's Perfect

竹内 薫
監修 徳永 太

SOGO HOREI PUBLISHING CO., LTD

みんな失敗を経験している

ウォルト・ディズニー（アニメーター）

働いていた新聞社をクビになり、その後起業するも倒産。しかし、アニメーションの仕事で一躍有名になり、数多くのアカデミー賞を受章した。

カーネル・サンダース（ケンタッキーフライドチキン創業者）

自らのチキン・レシピが受け入れられるまで何回も断られたが、65歳という年齢にもかかわらず、諦めずに挑戦を続け、73歳になる頃には600ものチェーン店を擁する、アメリカ最大のフランチャイズとなった。

トーマス・エジソン（発明家）

小学校をわずか3ヵ月で追い出される。また、実験で火事を起こすなど、数多くの失敗を重ねる。

しかし、その後も発明を続け、生涯で1000を超える発明品を生み出した。

ヘンリー・フォード（フォード・モーター創業者）

最初に自宅の納屋で作った自動車の試作品は、サイズが大きすぎて納屋から出せないというウソのような失敗作だった（結局、納屋を壊して外に出した）。

その後作ったT型フォードが世界的に大ヒットし、産業と交通に革命を起こすこととなった。

盛田昭夫（ソニー創業者）

初めて手がけた電気炊飯器は全く売れない大失敗商品だった。

しかしその後、無線機器の部品を手がけるようになり、日本初のテープレコーダーの開発に成功。「ウォークマン」も生み出し、会社を世界的企業にまで育て上げた。

はじめに

～いかにして失敗のフィードバックを蓄えるか

どんな人でも失敗はします。

天才や秀才は失敗をしないと思っていらっしゃる方がいるかもしれませんが、そんなことはありません。天才も秀才も、失敗はします。

では、天才や秀才は、凡才とどこが違うのか。

失敗を恐れず、果敢に挑み続け、仮に失敗をしても、その失敗を克服（リカバリー）できるところが違います。

ただし、天才と秀才とでは、失敗のリカバリーの仕方は違います。

日本のプロ野球を例にとりましょう。

長嶋茂雄さんは天才タイプといえます。打撃について「どうやって打っているのですか?」と訊かれ、「来た球をビュンって打つんですねー」とお答えになったそうです。

このエピソードは、長嶋さんは、ご自分の打撃を無意識のレベルで緻密に制御されていたことをうかがわせます。

無意識に緻密に……。凡才には、とうていかなわぬことです。

無意識のレベルで実践されていることは他の人とシェアされることがありません。長嶋さんの経験やノウハウは、他の選手とシェアされることはありません。

つまり、もし、あなたが天才でないのなら、長嶋さんの真似をしてはいけない、ということです。


長嶋さんとは対照的に、野村克也さんは秀才タイプといえます。

野村さんは、「失敗と書いて〝せいちょう〟と読む」との名言を残していらっしゃいます。

この名言は、野村さんが、ご自分の野球理論を意識的なレベルで緻密に構築されていることをうかがわせます。

野村さんの野球理論は、意識的なレベルで構築されているので、他の人とシェアされます。

凡才は、野村さんのような秀才タイプから学ぶべきだと思います。

野村さんの野球理論から、私たちは、野球以外のこと、例えば、失敗とは何かを学び、そのリカバリーの仕方を吸収することもできるのです。

野村さんは、次のようにおっしゃっています。


「人は失敗をすると言い訳をしたがる。失敗と正面から向き合いたくないからである。そうやって失敗から逃げていると、また同じ失敗を繰り返す」

私はこの考え方にこそ、「失敗」の大切なポイントがあると考えています。


失敗には必ず原因があり、そこから学びとれる教訓があります。

失敗のフィードバックです。

失敗に正面から向き合うことで同じ失敗を繰り返さずに済む思考力、い

わば「失敗しない思考力」が培えます。

科学の世界では、失敗のフィードバックが多くの大発見をもたらしています。

それは、ビジネスの世界でも同じです。失敗のフィードバックこそ、個人の成長や組織の進展の礎であると、私は考えています。

科学の世界でもビジネスの世界でも、失敗を恐れず、果敢に挑み続けることが必要です。

そうやって失敗のフィードバックを蓄えることが必要なのです。

いつも失敗をしないで済ませていると、人は、いつかどこかで取り返しのつかない失敗をしてしまうものです。

「あれほど優秀だった人が、これくらいの失敗で挫折してしまったか」という話は、枚挙にいとまがありません。

いつも失敗をしないで済ませていると、それが当たり前となり、**失敗のフィードバックが蓄えられません。よって、いざ失敗をしてしまったとき**

に、どうしようもなくて、「もうダメだ！」と挫折をしてしまうのです。

失敗のフィードバックを蓄えた人は、**たいていの失敗なら、うまくリカバリーできるものです。そのため、いつかどこかで大きな成功をつかめる**といえます。

とはいうものの……。

失敗のフィードバックを蓄えるのは、そんなに簡単ではありません。人は失敗を隠したがるものです。まさに野村さんがおっしゃったように、「失敗と正面から向き合いたくない」のです。

人は失敗をしたときに、強い動悸を感じたり、冷たい汗をかいたりします。

それは不安という感情の現れです。

人は失敗をすると、なぜ不安に襲われるのか。

失敗をすると、多くの場合、自分の安全が脅かされるからです。人は、そのことを本能的に知っています。

一方で、人は他人の失敗を乞い願う困った習性もあります。「他人の不幸は蜜の味」などともいいます。

人は、なぜ他人の失敗を面白がるのか。

それは、**他人が失敗をすると、多くの場合、自分が相対的に優位に立てることを経験的に知っているからです。**

自分の失敗で不安になり、他人の失敗を面白がる。

これは人の特性です。生物種としてのヒトの習性ともいえます。

悲しくて不愉快なことですが、この、人の特性を踏まえない限り、失敗のフィードバックを蓄えることはできません。

もう一度いいます。

失敗をしない人はいません。

この本では、人が成長するうえで最も大切な要素である「失敗からの学び方」を述べました。

監修として精神科医の徳永太さんにも加わってもらい、失敗にかかわる心理や失敗のフィードバックにかかわる心理を考察してもらっています。

いかにして失敗のフィードバックを蓄えるのか。

そのことに、あらゆる年代のさまざまな職業の方々がご関心を持ってくださるなら、私たちの無上の喜びです。

竹内薫

失敗が教えてくれること
もくじ

プロローグ　人間は必ず失敗をする存在

第1章　そもそも「失敗」とは何なのか？

第2章　失敗に対する欧米の考え方

第3章　失敗しないことが成功なのではない

第4章　ときには、わざと失敗をしてみる

第5章　失敗からは学び、成功からは学ばない

最終章　想定の及ばない失敗にも備える

編集協力　神原 博之（K.EDIT）
ブックデザイン　土屋 和泉

プロローグ

人間は必ず失敗をする存在

浅田選手は、なぜ一夜にして立ち直れたのか

2014年冬季のソチオリンピック。

悲願の金メダル獲得がかなわなかったにもかかわらず、日本中に感動をもたらしたのが、女子フィギュアスケート浅田真央選手のフリープログラムの演技でした。

2010年のバンクーバーオリンピックで銀メダルに終わった浅田選手は、その雪辱を誓い、満を持してソチオリンピックに挑まれたのですが、得意なはずのショートプログラムで、まさかの大失敗……。

「自分でも何が起きたかわからない」

無表情で答えた浅田選手に、多くのファンが胸の張り裂けそうな思いに駆られたはずです。

浅田選手のような世界トップクラスのアスリートが、なぜオリンピックの晴れ舞台

で失敗をしてしまったのか。
その理由を探る手がかりは、浅田選手の表情にありました。

オリンピック出場経験のある人の多くが認めることは、「オリンピックは緊張する」ということです。しかし、この緊張は「オリンピックで勝つには絶対に必要だ」ともいいます。

なぜでしょうか。
人は、適度に緊張しているときにこそ、最高のパフォーマンスが発揮できるからです。

ところが、ソチオリンピックでショートプログラムに臨んだ浅田選手は、おそらく適度に緊張しているとはいえない状態でした。

緊張には、良い緊張と悪い緊張があるのです。「良い緊張」とは不安のない緊張です。「悪い緊張」とは、不安でいっぱいの緊張です。

この本の監修をお願いした徳永さんによると、報道の映像で確認する限り、ソチオリンピックで浅田選手がショートプログラムに臨まれたときの表情には強い不安が感じられたそうです。つまり、あのときの浅田選手は、ほぼ間違いなく、悪い緊張の中にいたのです。

浅田選手がソチオリンピックの会場に入ったときの表情は、私も報道の映像で確認しました。

私には「万全の準備が整えられた」という自信に満ちた表情にみえました。

ところが、ショートプログラムの直前は不安に満ちた表情だった。

浅田選手は、なぜ本番の直前で不安に襲われてしまったのか。

さまざまな人がさまざまな推測をしていますが、私たちの推測は「浅田選手が個人戦に先駆けておこなわれた団体戦へ無理に出場してしまったことが原因ではなかったか」というものです。

浅田選手は、女子フィギュアスケートの個人戦ショートプログラムに出場される前に、フィギュアスケートの団体戦にも出場されていました。

スポーツ・ジャーナリストによると、ふつう団体戦というものは個人戦のあとにおこなわれるのだそうです。個人戦で全力を出しきったあとの余力で代表チームとしての総合力を競い合う。それが、団体戦の醍醐味だそうです。

ところが、ソチオリンピックのフィギュアスケートでは、なぜか団体戦が個人戦の前におこなわれました。他の人気競技の団体戦と、日程をずらすためであったといわれています。

このことが、浅田選手の心理に重大な影響を及ぼした可能性は低くないと、私たちは考えています。

これは、浅田選手自身にしかわからないことですが、本当はバンクーバーオリンピックの雪辱に徹したいとのお気持ちが強かったのではないでしょうか。

しかし、日本女子フィギュアスケートの絶対的エースとしての責任感から、団体戦にも出場することを了解してしまった。

もちろん、そこは、厳しい見方をすれば、浅田選手の自己責任といえなくもないのですが、「個人戦の雪辱は果たしたい。けれど、団体戦の責任も果たしたい」という思いは、人としては自然な感情です。誰にも責められるべきことではないと、私は思います。

では、団体戦に強行出場をされたあとで、浅田選手が個人戦ショートプログラムの演技を失敗しないようにするには、何が必要だったのでしょうか。
それは、まずご自分の感情をありのままに受け入れることでした。**感情を軽視しないということです。**

もし、浅田選手が、個人戦ショートプログラムの演技に入る前に強い不安に襲われていたのだとしたら、その不安をありのままに受け入れ、なぜご自分が不安なのかを冷静に自問される必要がありました。

「私は今すごく不安だ。なぜだろう？」

そうすれば、浅田選手は現状を正しく認識するチャンスを得られたはずです。

「本当はバンクーバーの雪辱に徹したかったけれど、できなかった。団体戦に出てしまってコンディションがよくない。バンクーバーの雪辱は果たせないかもしれない」

人の感情は、多くは無意識のレベルで生じていると考えられています。

人の心は自分で意識できる部分が大半だと思われがちですが、どうもそうではないようです。少なくとも多くの心理学者や神経科学者たちは、むしろ意識できない部分が大半ではないかと考えています。

というのは、**自分で意識して判断したときと無意識に判断したときとでは、無意識**

に判断したときのほうが圧倒的に正確らしいからです。

これは、人の脳がおこなう情報処理は、ほとんどが無意識のレベルでおこなわれているることを示唆しています。

つまり、**人の感情は、そうした脳の情報処理の結果だけを端的に反映したもの**と考えられているのです。

例えば、不安が強いときというのは、自分が意識していないところで何か悪いことが起こっているという事実を脳がこっそり教えてくれている、と考えることができます。

ソチオリンピックで個人戦ショートプログラムに臨んだ浅田選手が、自身の強い不安から現状を正しく認識されていたとしたら、結果は違ったものになっていた可能性があります。

「団体戦に出てしまった時点で、個人戦の雪辱は難しくなった。でも、団体戦に出るべきだという自分の気持ちにウソはなかった。しょうがない。ダメでもともと、できる範囲で精いっぱい頑張ろう！」

そう開き直ることができたなら、案外、思い通りの演技ができたかもしれません。

正しい現状認識のために、脳がこっそり教えてくれる手がかり、それが感情だという考え方は、このように活用することで失敗を未然に防ぐ手立てとなりえます。

浅田選手に「バックアップの思い」が届いた

浅田選手は個人戦のショートプログラムでの失敗から、たった一夜で復活し、フリープログラムで「金メダルより価値がある」といわれるほどの演技をしました。

これは、どういうことなのでしょうか。

理由は二つ考えられます。

一つは、浅田選手の心に「バックアップの思い」が届いたからです。佐藤信夫コーチや会場の観客席のファンおよび世界中のテレビの前の人たちの思いが浅田選手に伝わったのです。

実は、浅田選手はフリープログラム当日の公式練習でも、前日のショートプログラムの失敗を引きずっていたそうです。

それは人として自然な感情です。仕方のないことです。

それを察した佐藤コーチは、浅田選手をリンクに送り出すときに、こう語りかけたそうです。

「34年前に高熱を出しながらも最高の演技をした教え子がいる。リンクで何かあっても大丈夫だ。私が助けに行く」

佐藤コーチの「バックアップの思い」は、世界中の浅田選手のファンの思いと重なっていたことでしょう。

「私は一人じゃない」

そう浅田選手は悟ったに違いないのです。


ビジネスにおいても「バックアップの思い」は必要です。

とりわけ、上司が若い部下を指導するときには、絶大な効果を発揮します。

「ミスを恐れるな。たとえ、どんなミスをしようとも、おれがカバーする。おまえは安心して自分のベストを尽くすことだけを考えろ」

こう上司にいわれたら、若い部下が奮い立つのは、人として自然な感情です。

人として自然な感情であり、かつ前向きな感情を「バックアップの思い」は引き出すことができます。

若い部下が確実に育つようにするには、あえて大きな仕事を任せた上で「バックアップの思い」をしっかり伝えることです。「大きな仕事」というのは、「会社としては、失敗をしたらマズイことになるが、失敗しなかったらスゴイことになるような重要な仕事」のことです。

もし、それでうまくいったら、その若い部下は一生ものの自信をつけることでしょう。

実際には、若い部下の多くが、そこで必ずといっていいほどに失敗をするのですが、その失敗も、いつかは自信に結びつくのです。「大きな仕事の失敗」は「大きな仕事でしか得られないフィードバック」をもたらすからです。

「利益獲得型」と「損害回避型」

浅田選手がフリープログラムで復活をとげたもう一つの理由は、ショートプログラムでは誤っていた現状認識を、フリープログラムでは正しくおこなえたことであると考えることができます。

そのことを説明するには、二つのキーワードが便利です。一つは「利益獲得型」で、もう一つは「損害回避型」です。

これら二つのキーワードは、人が直面する課題の性質や、そうした課題に取り組むときの心理を端的に表したものです。

例えば、スポーツ選手がスポーツに取り組むとき、あるいは、ビジネスパーソンがビジネスに取り組むとき、彼ら彼女らが直面する課題は大まかに二つに分けられます。

一つは**利益獲得型の課題**で、もう一つは**損害回避型の課題**です。

利益獲得型の課題とは、例えば、山師の仕事です。一獲千金を夢見て鉱脈を探し求めるといったものです。1回でも失敗をしなかったら莫大な富が得られる代わりに、その陰には9回の失敗があったりします。

つまり、利益獲得型の課題とは、失敗が許されるものといえます。

一方、損害回避型の課題とは、踏切番の仕事です。列車が通過する度に遮断機を下ろしたり上げたりして、踏切を渡る人たちの安全を守るといったものです。ふつうにやれば10回やって10回とも失敗をしない代わりに、たった1回の失敗で再起不能の損害を被ったりします。

つまり、損害回避型の課題は、決して失敗が許されないものです。

これら2種類の課題に取り組むには、それぞれに見合った心理状態になることが必要です。

それぞれ**「利益獲得型の心理」**、**「損害回避型の心理」**と呼びましょう。

利益獲得型の心理とはチャレンジ精神に溢れた「良い緊張」に満ちています。「トップをとってやるぞ！」「歴史に残る仕事をするぞ！」といった気概に溢れています(ただし、度が過ぎると向こう見ずとなります)。

一方、損害回避型の心理とは、常に再起不能の損害を想定し、石橋を叩いて渡るような姿勢です。「何かおかしい。危険だ」と感じたときには、あえて渡らないようにするくらいの決断力も持ち合わせます（ただし、何かが狂うと「悪い緊張」に飲み込まれます）。

例えば、何かを追いかけている人は、利益獲得型の心理にあります。「いっちょ、やってやるか！」「ダメでもともと！」と勇ましい。本来の倍以上の力を発揮したりします。

逆に、追われている人は損害回避型の心理にあります。「ちょっと待ってくれ、何か変だ」「絶対に失敗はできないんだ」と縮こまってしまう。本来の力の半分以下しか発揮できなかったりします。

浅田選手の話に戻りましょう。

私は、浅田選手の一夜にしての復活は、損害回避型の心理から利益獲得型の心理へとスムーズにスイッチできたことによるものであると考えています。

「絶対に金メダルを取らなければならない」というお気持ちから「自分の最高のパフ

ォーマンスを見ていただこう」というお気持ちになったからこその復活だったのではないでしょうか。

それは、誤解を恐れずにいえば、浅田選手がアスリートである前にアーティストであろうとした、ということです。

世界のトップアスリートがオリンピックで求められるのは、利益獲得型の心理です。当然、想定される「利益」は「金メダル」に代表される好成績です。

ソチオリンピックの浅田選手は、「絶対に金メダルを取る」「金メダルを取らなければ」との思いが強すぎて、損害回避型の心理に陥っていたと考えられます。

その結果、強い不安を覚え、悪い意味で緊張してしまい、ショートプログラムで失敗をされてしまった。その時点で、「金メダルを取る」という利益の獲得は、ほぼ絶望的になってしまいました。

ところが、その現状を正しく認識された浅田選手は、利益獲得型の課題をご自分で次のように設定し直されたのではなかったでしょうか。

「金メダルは絶望的になってしまった。それでもなお私を応援してくださるファンの方々がいる。その思いに応えよう。自分の最高のパフォーマンスを見ていただこう」

もしそうならば、浅田選手が損害回避型に陥ってしまっていたご自分の心理を利益獲得型に引き戻せたことは、極めて自然な成り行きです。

「アスリートである前にアーティストであろうとした」というのは、誠に的を射た対策だったということになります。

浅田選手の一夜にしての復活は当然の成果だったといえるでしょう。

「私、失敗しないので」はありか

女優の米倉涼子さんがフリーランスの外科医・大門未知子を演じられたドラマ『ドクターX』。彼女は「私、失敗しないので」という決めゼリフを口にします。

フィクションとしては大変に面白い仕掛けです。

しかし、この決めゼリフ、現実の医療現場では決して通用しないことをご存じでしょうか。

もし、「私、失敗しないので」ということを大真面目に公言する外科医がいたとしたら、その外科医に手術が託されることはないでしょう。

なぜなら、どんな名医でも失敗をする可能性を否定できないからです。

たしかに、名医は大きな失敗はしません。小さな失敗も少ないでしょう。

しかし、決して1回も失敗をしないわけではありません。

人は必ず失敗をする存在なのです。

そして、名医ほど、そのことを痛感しています。

名医は、自分の失敗の可能性を厳粛に受けとめ、どうすれば大きな失敗をしないで済ませられるか、どうすれば小さな失敗を少なくできるか、そして、失敗をしてしまったときには、どうやってリカバリーするべきかを熟知しています。

優れた外科医は、手術中に起こりうる失敗のすべてを的確に想定します。そして、それらの失敗が起きにくいチーム編成を考え、チームのメンバー全員に失敗のリスクを徹底的に認識させます。万一、自分が失敗をしても、メンバー全員から適切なサポートを受け、確実にリカバリーするためです。

優れた外科医は手術の腕が良いだけではないのです。

ここで留意していただきたいことは、医療は利益獲得型の課題ではないということです。医療は損害回避型の課題です。

例えば、ビジネスにおける新商品の開発や新規市場の開拓などは利益獲得型の課題です。よって、そうした課題に取り組むときには利益獲得型の心理が有効です。

大門未知子の名ゼリフ「私、失敗しないので」は、まさに利益獲得型の心理による自信を表したものといえます。

利益獲得型では、1回でも失敗をしなければ、9回くらい失敗をしても構わないのです。例えば、私が10冊の本を出し、そのうち1冊でもベストセラーになれば、私は万々歳なのです。

しかし、外科の手術は違います。たとえ1回であっても失敗は許されないのです。失敗をすれば、患者は亡くなるかもしれない。亡くならないまでも深刻な後遺症が残るかもしれない。まさに再起不能の損害です。外科の手術では、10回やったなら10回とも失敗をしない、それが当たり前とされるのです。

こう述べますと、次のように考える方がいらっしゃるかもしれません。すなわち、「損害回避型は外科の手術などの特殊な仕事に限ったもので、ふつうのビジネスには関係がない」と。

そうではありません。たしかに、ビジネスで取り組むべき課題の多くは利益獲得型ですが、法令遵守や顧客保護の課題は損害回避型といえるでしょう。

会社が、法令遵守や顧客保護で1回でも失敗をすれば、倒産してしまうことも珍しくないからです。

いわゆる不祥事の話です。

クルマエビの偽装は、なぜおこなわれたのか

２０１３年、食品の偽装が大きなニュースとなりました。複数のホテルのレストランで、バナメイエビを「クルマエビ」と偽って提供していたのです。クルマエビとバナメイエビとは食感が似ていて、素人が区別するのは大変に難しいのだそうです。そこに目を付けた偽装でしょう。

理由は、クルマエビよりもバナメイエビのほうが仕入れ値が安かったからです。経費削減が目的であったに違いありません。

このクルマエビの偽装が発覚し、これらのホテルは長年にわたって培ってきた信用を一瞬で失いました。そのまま経営が傾き、倒産ということになっていれば、まさに再起不能の損害を被ったといってよいでしょう。

こうした不祥事は、なぜ起こるのか。

不祥事の多くは組織で起こります。例えば、クルマエビの偽装はホテルという組織で起こりました。

ところが、**組織で起こる不祥事は、その原因の究明や責任の所在が曖昧になりやすい**のです。よって、再発予防策も一筋縄ではいきません。

「この不祥事がその組織で起こった理由が、よくわからない」

そういうことが、珍しくありません。

どんな会社のどんな社員でも、法令遵守や顧客保護には、それなりに誠実に取り組んでいるものです。それにもかかわらず、不祥事は起きてしまう。

「なぜだ！　おかしい！　きっとごく稀に、とんでもなく不誠実なヤツがいて、ソイツが不祥事を起こしているに違いない！」

そうやって、不祥事は組織に所属する個人の倫理の問題に帰結されることが多いのです。

これは不祥事の失敗では絶対にやってはいけないフィードバックです。

組織の失敗は組織論で考える

不祥事の多くは組織の失敗ですから、その原因の究明や責任の所在、あるいは再発予防策を講じる手立ては、組織論に基づいて考察されるべきでしょう。

私が考える組織論は**「指導者（リーダー）」「組織の構成員（フォロワー）」「信頼関係」「チームワーク」**がキーワードです。

ごく簡単にいってしまうと、組織とはリーダーやフォロワーの役割を担った個人の集まりです。リーダーとフォロワーとがそれぞれの役割を自覚し、お互いに信頼関係が構築されれば、組織は見事なチームワークを発揮します。

不祥事とは、結局のところ、組織のチームワークの喪失ないし乱れが原因です。

チームワークが、なぜ乱れるのか。

リーダーとフォロワーの間に信頼関係がなくなるからです。

信頼関係がなぜなくなるのか。

リーダーやフォロワーが自分の感情ないし相手の感情に振り回され、自分の役割を全うできなくなるからです。

不祥事とは、結局のところ、**組織が個人の感情を軽視するところから始まる**と、私は考えています。

「感情」は個人が個別に抱くものです。それが原因で組織のチームワークが喪失したり乱れたりすることが、不祥事の原因ですが、だからといって、不祥事の原因を個人に見出すのはお門違いです。

感情は人なら誰もが抱く当たり前のものです。

個人が個別に「法令遵守、顧客保護。ああ～メンドくさいな！」と思ってしまうことを咎めるのは、食事の前の空腹を咎めるようなこと、酷暑の中の発汗を咎めるようなことです。

社長が社員に適切な昼食時間を与えるような観点で、あるいは、工場長が工員に働きやすい環境を与えるような観点で、組織は個人の感情に配慮していく必要があります。

よって、不祥事を防ぐには、組織の中で法令遵守や顧客保護の仕事に実際に携わっている個人の言い分をよくきき、**どうすれば「メンドくさいな！」と感じないで仕事ができるのか、あるいは、十分に仕事ができるような環境が整っているといえるのか、人員や予算は十分に足りているといえるのかを、組織として慎重に検討する**ことです。

クルマエビを偽装したホテルでは、おそらく法令遵守や顧客保護の観点からホテル全体の業務をチェックする体制が不十分だったのでしょう。そのため、折からの不況による経費削減のプレッシャーに、しっかり抗えなかったのだと思います。

経費削減のプレッシャーに抗って法令遵守や顧客保護を貫くのは、大変に面倒です。「会社が大変なときに、きれいごとばかりいうな！」と上司に怒鳴られるかもしれない。下手をすると、「まずはお前の給料から減らすぞ」などと社長に脅されるかもしれない。「ああ～メンドくさいな！」と思うのは人として自然な感情です。

そうした人の感情を軽視せずに、組織として、法令遵守や顧客保護に携わる個人の立場をおもんぱかることが、会社の信用を一瞬で失うような不祥事が起きないようにする予防策です。

ここでもキーワードは**「感情を軽視しない」**です。

人の感情は生理現象であり、ごく自然な反応だということを、ぜひ忘れないでいただきたいと思います。人の感情をコントロールするのは、自然災害をコントロールするのに似ています。

自然災害は発生それ自体を防ぐことはできません。発生してしまった自然災害による被害をいかに小さく収めるかが、災害対応の中心です。似たことが人の感情にもいえます。

大門未知子の決めゼリフ「私、失敗しないので」も、患者の感情をコントロールするための方便であったなら、ギリギリＯＫでしょう。

自分が手術することになっている患者が恐がっている。その患者は、まだ年端もいかない子どもであったりする。

そういう場面では、優れた外科医も、きっと自信を持って微笑むに違いありません。

「大丈夫、私、失敗しないので」と。

利益獲得型か損害回避型かの判断で気をつけること

失敗をしてしまったときに、自分に任されている仕事の性質をきちんと理解しておくことは大変に有効です。

自分が利益獲得型の仕事を任されているのか、損害回避型の仕事を任されているのかを知っていれば、失敗からのリカバリー方法を誤らずに済みます。

先ほども述べたように、利益獲得型は山師で、損害回避型は踏切番です。

「山師」や「踏切番」といってしまうと、両者はずいぶん違った仕事のように感じられるかもしれませんが、実際には、そう簡単に区分けできるものではありません。

医療は損害回避型だと述べました。

ところが、医療の世界が「損害回避型一色」というわけではないようです。

医師には2通りあるのをご存じでしょうか。臨床医と研究医です。

臨床医は日々、患者さんの診断や治療に当たります。ふつう「お医者さん」といえば、臨床医のことです。

しかし、医師の全員が臨床医だったら、医療に進歩はありません。未知の病気を発見したり、新たな治療法を開発したりする医師も必要です。それが研究医です。

この本の監修をお願いした徳永さんは臨床医です。まだ医学生だった頃、大学で次のような話をきかされたといいます。

「臨床医のときは〝ナンバーワン〟を目指せ。他のどの医者よりも巧くなれ。研究医のときは〝オンリーワン〟を目指せ。他のどの学者よりも独創的になれ、どっちもできるようになれ。どっちかしかできないのはダメだ」

医師としての役割を「利益獲得型」とも「損害回避型」とも決めつけずに、幅広い視野を持つことの必要性を説いたものでしょう。

自分の役割を「利益獲得型」ないし「損害回避型」だと決めつけることが、なぜいけないのでしょうか。

それは、医師の世界に限らず、現実の世界は局面がコロコロと変わるからです。

サッカーを例にとるとわかりやすいでしょうか。

ゴールを狙うストライカーは利益獲得型です。ゴールを守るディフェンダーは損害回避型です。ストライカーは得点を挙げるのが仕事であり、ディフェンダーは失点を防ぐのが仕事です。

しかし、現実のサッカーでは、ストライカーも守備に参加しますし、ディフェンダーも攻撃に参加します。

現実のビジネスでも同様です。利益獲得型の仕事をしている人が、たまに損害回避型の仕事を引き受けざるをえないことがある。その逆もあるでしょう。

よって、ビジネスパーソンが見極めるべきは、自分が「ストライカー」なのか「ディフェンダー」なのかではなく、自分の置かれている局面が「攻撃」なのか「守備」なのかです。

現実のビジネスも、サッカーの試合のように、局面は目まぐるしく変わります。そのことを弁《わきま》えないビジネスパーソンは、失敗を繰り返すだけでなく、成功をつかむこともないでしょう。利益獲得型の局面を見誤るからです。そのうちに、再起不能の損害を被ってビジネスの世界から弾き出されるかもしれません。損害回避型の局面を見誤るからです。

ビジネスの世界に限らず、現実の世界はいくつもの局面の連なりです。それらの連なりを大局的に見渡す視点を持つことは、どんな人にも求められる才覚です。

利益獲得型か損害回避型か。それは個々の局面についてだけでなく、大局的にも重要な判断となります。

自分がかかわるビジネスは、大局的にはどちらの型なのか。また、自分が置かれている今の局面は、どちらの型なのか。

それを的確に見抜き続けることが、失敗を恐れずに挑み続け、失敗のフィードバックを蓄えていくには欠かせないことなのです。

第1章

そもそも「失敗」とは何なのか？

失敗に対するアメリカの考え方

私がナビゲーターを務める『サイエンスZERO』というテレビ番組のゲストに、宇宙飛行士の古川聡さんをお迎えしたことがあります。

その時期は年末だったこともあり、収録の終わりに番組スタッフを含めた忘年会が催されました。

その忘年会に古川さんも参加され、いろいろな話を伺えました。

古川さんは、宇宙航空研究開発機構（Japan Aerospace Exploration Agency，ＪＡＸＡ）の広報活動をされておられました。その日はテレビ収録を2本もこなし、たぶんクタクタでいらしたはずなのに、初めて出演した私たちの番組の忘年会にも顔を出してくださり、にこにこと、いろいろな話をしてくださいました。人当たりがよく、「根っからのいい人だな」という印象を受けました。

そんな古川さんが、アメリカのNASA（National Aeronautics and Space Administration）で訓練を受けていらしたときのお話は、アメリカと日本の失敗に対する考え方の違いを印象づけてくれました。

ある日、古川さんがNASAの近くを車で走っていると、信号機が壊れていたそうです。交差点の真ん中に四角形の信号機があり、壊れるとすべて赤点滅になるそうです。そのため、壊れたということが、すぐにわかるのです。

このように信号機が壊れていても、人々は淡々と交差点に入っていき、譲り合いながら、うまく通り抜けていくそうです。

日本人が、そこまで冷静に対応できるか疑問です。

なぜアメリカでは、みんなが落ち着いて譲り合えるのか。

それは、アメリカの社会は「人は失敗をする」ということが前提で成り立っているからだと、古川さんはおっしゃいました。

アメリカ人の多くは「運悪く誰かの酷い失敗に出くわしたときでも、ふだん通りに落ち着いて対応するべきだ」という考え方が子どものときから身についている。だからこそ、どんなに酷い失敗に遭遇しても、みんなが冷静を保てるのだそうです。

また、こんな話もしてくださいました。

あるとき、古川さんのお住まいの水道管が詰まって水が出なくなってしまったことがありました。

「さあ、困った」と思って電話で修理を呼んだら、「わかった。これから行く」と返事がありました。それで「ああ、よかった」と安心していたら……。約束の時間になっても誰も来なかったそうです。その後、何時間も待ったのに誰も来ない。

あらためて電話をしてみると、手違いがあって話が通っていなかったことがわかりました。古川さんが辛抱強く経緯を説明したことで、ようやく修理のスタッフが来たのですが、そのときに、そのスタッフから謝罪らしき言葉はまったくなかったそうです。

さすがの古川さんも「これは、いくらなんでも酷いんじゃないか」と思って、やんわりと抗議をされたところ、「Nobody's Perfect（誰も完璧じゃない）」の一言で済まされたそうです。「よくあることだろ?」と。

日本では考えられないことですよね（笑）。平身低頭でお詫びが入る。

「でも、アメリカでは、実際よくあることなんです」

古川さんは陽気に笑っておっしゃいました。


たしかに、アメリカでは「Nobody's Perfect（誰も完璧じゃない）」という考え方がベースにあります。

それゆえに、アメリカ人は「絶対に失敗してはいけないところでの失敗」が、日本人よりも少ないように思います。

「誰もが失敗をする。うまくいかないこともよく起きる」という前提がシェアされているために、社会全体に「遊び」のようなものが生まれ、それが潤滑油となって、社会のシステムが巧く回っているのです。

アメリカ社会の良き一面です。

失敗についてのコミュニケーションの違い

ＮＡＳＡといえば、宇宙飛行士を宇宙に送り出すという仕事をしている組織です。

そういう組織は、日本人の感覚で想像するに、「絶対に失敗が許されない組織」だと思いがちなのですが、古川さんによれば、実際のＮＡＳＡは**「失敗は起こってしまうもの」**という共通認識が徹底的にシェアされている組織だということがいえるそうです。

もちろん、失敗が好ましくないことはＮＡＳＡでも変わりはないでしょうが、「失敗したら終わりだ」という考え方は誰もしないそうです。**「とにかく失敗を減らすように、みんなで協力してやっていこうじゃないか」**という雰囲気なのだそうです。

例えば、古川さんたちのチームのキャプテンの口癖は、「何かおかしいと思ったら、何でもすぐにいってくれ」というものだったそうです。

日本人の感覚だと、メンバーの全員が「おかしい」と思った時点ですぐに指摘をしていたら、みんなの指摘が重なってしまい、キャプテンをわずらわせてしまうのではないかと心配してしまいます。

しかし、キャプテンは、そこが狙いでした。もし、みんなの指摘が重なれば、それは明らかに重大な指摘だとわかるので、すぐに対処しなければならないと、スムーズに決断できるからです。

逆に、もし、みんなの指摘が重なることを恐れてメンバーの全員がお見合いをしていたら、重大な問題ほど見過ごされやすくなります。

NASAの場合は、重大な問題は、即、人命にかかわります。

このような**「失敗は起こってしまうもの」**という認識や**「とにかく失敗を減らすように、みんなで協力していこうじゃないか」**という雰囲気は、日本の社会には、あまり見られないように思います。

そのことを古川さんは、いたく危惧されていました。

私も同感です。

アメリカの社会にあるものが、なぜ日本の社会にはないのか。

私なりに考察をしてみますと、「失敗についてのコミュニケーションの違い」が大きいのではないかとの結論に至ります。

もっと端的にいえば、社会で交わされる言葉の違いです。

日本社会は上下関係が基本です。

しかし、アメリカ社会は水平関係が基本なのです。アメリカでは、会社の社長も入社したての社員も、基本的な人間関係は対等です。

もちろん、すべてが対等ではありません。例えば、会社での役割はまったく対等ではありません。アメリカでも、社員は当然のように社長の指示に従います。

ところが、いったん会社を離れれば、立場に差はないのです。例えば、たまたまバーで社長と出会ったときに、社員が社長の指示に従うことはありません。もし気心が知れていれば、お互いをファーストネームで呼び合いながら酒を酌み交わします。

アメリカ社会は、なぜそこまで水平なのか。

それは、英語には日本語のような際立った敬語表現がないからでしょう。

次のような話を、この本の監修をお願いした徳永さんから聞きました。

徳永さんが、ある若いアメリカ人女性と日本語の敬語について話をしていて、「日本では自分よりも年上の人に敬語を使って敬意（respect）をみせることになっている」といったら、「なぜ?」と不思議そうに首を傾げられたそうです。

それを不思議に思った徳永さんが、「では、アメリカでは年上の人に敬意をみせなくていいの?」と訊き返すと、「みせなくていい。だって、敬意はみせるものではなく、持っているものだから」と、その女性は答えたそうです。

たしかに、そうなのです。アメリカ人も、日本人のように、年下の人は年上の人に敬意（respect）を持っているのですが、逆に、年上の人も年下の人に敬意を持っているのが普通であったりします。

例えば、アメリカでは、60代が20代と話をするときに、60代は「自分は相手より40年も長く生きている」ということを相手に悟らせないのが上等とされます。

このような考え方は日本にはありません。むしろ、「40年も長く生きているのだから、自分には40年分多くの賢さがある」と考えます。

このため、日本では、年上の人が年下の人を無意識に押さえつけるようなところがあるのです。「年上の私のほうが賢いのだから、黙って私のいうことをきくのがよい」となってしまう。年下の人が年上の人に気軽にものをいう雰囲気は生まれにくいのです。

このことは年上・年下の関係だけではありません。上司・部下の関係も同様です。概して、日本では、立場が下の人が何か問題に気づいても、立場が上の人にすぐに指摘をするということには、なかなかなりません。

しかし、日本社会にも、水平関係が基本になっているような組織がないわけではないのです。

例えば、テレビの現場で私がよく感じることとして、上下関係が強いテレビ局では現場が委縮し、水平関係が強いテレビ局では現場が和気あいあいとしています。和気あいあいとした現場では、ちょっとした失敗をしても責められません。失敗をしたときには、みんなでカバーしてくれる。まさに、アメリカ社会では当たり前の「失敗を前提とした雰囲気づくり」が実践されているといえます。

日本社会でも、その気になれば、水平関係を築くことは容易にできるはずです。

このことは、組織が「失敗についてのコミュニケーション」を十分におこなおうとするときに大変重要となることです。

上下関係を水平関係に変えていくには、どうすればいいでしょうか。

この本の監修をお願いした徳永さんは、誰にでも敬語で話しかけるようにしてみてはどうかと提唱しています。

たしかに、そうするだけで組織の雰囲気は劇的に変わってくるかもしれないと、私も感じます。

誰にでも敬語で話しかけるというのは、おそらく日本型の水平関係の構築の仕方としては、最も自然で現実的でしょう。

もちろん、大切なのは対等な立場の演出ですから、「タメ口」でも別にいいのですが、どんな場合でも「タメ口」で話しかけるというのは、ちょっと現実的でないように思います。

60代の社長が20代の新入社員に居酒屋で「敬語」になっている状況は、そんなに違和感を覚えません。実際に、そうされている社長さんもいらっしゃいます。

しかし、20代の新入社員が60代の社長と会議室で「タメ口」になっている状況は、かなりの違和感を覚えます。それは、おそらく日本のコミュニケーション文化から逸脱してしまっているからだと思います。

失敗には「引き金」や「からくり」がある

組織が「失敗についてのコミュニケーション」を十分におこない、失敗の予防に取り組もうとするときには「水平関係」以外にも、大切なものがあります。

それは、その失敗の「引き金」は何か、「からくり」は何か、という着眼点を持つことです。

失敗には「引き金」や「からくり」があります。

失敗をピストルにたとえてみましょう。ピストルは引き金を引いたら弾がパーンと出てしまう。つまり、そのようなからくりがピストルにはあるのです。そのからくりを知っている人は、ピストルの引き金を誤って引かないように十分に注意します。

しかし、そのからくりを知らない人は、どうでしょうか。うっかり引いてしまうことが十分に起こりえます。なぜなら、それが引き金だとわからないからです。

失敗の多くは、この**「引き金」をそれと知らずに引いてしまうこと**で起こります。

特に組織の失敗は、個人の失敗よりも、その傾向が顕著です。

組織の失敗には様々な種類があります。プロローグで述べた不祥事は、そうした組織の失敗の一つにすぎません。

組織に所属している個人の一人ひとりが、その組織が起こしうるすべての失敗を把握することは、組織のリーダーであってもフォローワーであっても、おそらくは不可能です。

ですから、たまたま自分がよく知らなかった「からくり」の「引き金」を引いてしまうことで、組織に失敗をもたらすのです。その危険性は、リーダーもフォローワーも等しく持っていると考えることができます。

失敗には「引き金」や「からくり」があるということを踏まえると、失敗の予防は2段構えにすればよいとわかります。

一つは、**失敗の「引き金」をそれと知らずに引くことがないように、みんなで気をつける**こと。もう一つは、**失敗の「引き金」が引かれても「からくり」が動かないよ**

うに安全策を講じておくこと、あるいは、**「からくり」そのものを取り除く**こと。

再びピストルのたとえに戻りましょう。

誰かがピストルの引き金をそれと知らずに引くことを予防したいとき、どうすればよいのでしょうか。

一つは、「そこにピストルがあるよ！　気をつけて！」と、みんなで確認し合うことです。

もう一つは、ピストルの安全装置をオンにしておくこと、あるいは、ピストルを安全な保管場所にしまっておくことです。

組織の失敗の予防では、二つめの対策が重要です。「みんなで確認し合う」というやり方には限界があるからです。

もし、あなたが、目の前にピストルがあることに気づき、「誰かが間違って引き金を引いてしまったら大変だ」ということを理解したならば、あなたが直ちにするべきことは、そのピストルの安全装置をオンにするか、そのピストルを安全な保管場所にしまうことです。

見て見ぬふり、何もしない。これは無意味であるばかりか危険ですらあります。**何もしないのは失敗を誘っているに等しい**からです。

ふだんは温厚なベテラン執刀医も罵声を浴びせるわけ

外科の手術というのは、最低でも二人でやるのだそうです。多いときは四人でやる。執刀医が一人でやることは稀だといいます。

もちろん、それは外科の手術には一人でできるものがほとんどないから、というのが一番の理由だそうですが、若手外科医の育成という観点からみても、この仕組みがうまく機能していることに気づきます。

外科の手術というのは、基本的には、すべてぶっつけ本番です。試しに誰かの体で練習しておくということは、倫理上、許されません。

内科の検査では、試しに誰かの体で練習しておくということがあるそうで、若い内科医たちがお互いの練習のために「内視鏡を飲み合う」なんてことをやるそうです。

ところが、外科の手術では、そうはいきません。お互いの練習のために「お腹を開け合う」なんてことはありえません。そのため、模型や動物を使って練習をするしかないのですが、模型や動物は、しょせん人の体ではありません。外科の手術は、本番の患者の体で覚えていくしかないのです。

ですから、どんなにベテランの執刀医も、最初は不慣れであったわけです。

そう考えると、なかなかに恐ろしい気もします。

ただし、ご安心ください。不慣れな執刀医が、不慣れなままで、あらゆる手術をおこなうということはありません。同じ手術でも、患者の体の状態によっては、失敗をしそうであったり、失敗をしなさそうであったりという違いがあります。

失敗をしそうな手術というのは、必ずベテラン執刀医がおこなうのは不文律です。

また、失敗をしなさそうな手術でも、不慣れな外科医がおこなうときは、必ずベテラン執刀医が助手役にまわります。

ベテラン執刀医が助手役に回る意義は何でしょうか。

ここで再び、失敗には「引き金」や「からくり」があるという話になります。

ベテラン執刀医は、その手術のプロセスのどこにどんな「ピストル」があるのかを、よくわかっています。その「ピストル」の「引き金」は何で、「からくり」は何かを、肌で実感している。

不慣れな執刀医も、もちろん、頭ではわかっているのですが、実地の経験が少ないので、肌で実感しているというわけではありません。

そこで、ベテラン執刀医は、あえて叱責の助言で、教え込むのだそうです。「おい！　そこ、違うだろ！」とか、「お前、患者さんを殺す気か！」とか。

それはもう「叱責」ではなく「罵倒」に近いといいます。

本番中にそうやって叱責をされれば、不慣れな執刀医は、当然のことながら、感情が乱れます。不安になったり、不快になったり、動悸を覚えたり、冷や汗をかいたり。

この感情の乱れは、一見、外科の手術を覚える上ではマイナスのように感じられますが、実際にはプラスなのだといいます。

そのような感情の乱れと結びつけて覚えることで、どこにどんな「ピストル」があるのかが確実に身につくからです。

外科の手術に限らず、すべての医療行為は不確実です。プロセスのいたるところに

「ピストル」が転がっているといいます。

特に外科の手術で転がっている「ピストル」には、「安全装置」のないものや「安全な保管場所」のないものが多いのだそうです。

人体の造りは変えられません。お腹のこの部分を開くときに、その近くの太い血管を傷つけてしまわないよう、その太い血管の壁を補強しておくとか、その太い血管をあらかじめどこかに移しておく、ということはできません。

だから、「そこにピストルがあるよ！　気をつけて！」と、みんなで確認し合うしかない。

ところが、それを手術の最中にいちいち口で説明していたのでは、着実に覚えることが難しいのです。

ですから、ふだんは温厚なベテラン執刀医でさえ、不慣れな執刀医の助手役に回るときは、別人のようにピリピリする。

不慣れな執刀医にしてみたら、たまったものではありません。罵声を浴びせられ続けて外科の道を諦める人も少なくはないそうです。

しかし、「それはそれで諦めてもらったほうがよい」と考えるベテラン執刀医が少なくないといいます。

それは外科の流儀なのです。

話を整理しましょう。

失敗の予防は2段構えだといいました。一つは、「そこにピストルがあるよ！ 気をつけて！」と、みんなで確認し合うこと。もう一つは、ピストルの安全装置をオンにしておくこと、あるいは、ピストルを安全な保管場所にしまっておくこと。

外科の手術では、本質的には一つめの予防方法しかありません。ですから、ただ確認し合うのではなく、感情を込めて確認し合う。ときには罵声で強く確認を促す。そして、こうした荒っぽい流儀についてこられない医師には外科を辞めてもらう。

もし、二つめの予防方法が可能なら、荒っぽい流儀は必要ないのでしょう。

しかし、実際には二つめの予防方法は不可能です。可能なのは一つめの予防方法だけです。

では、どうするか。

ふつうに一つめの予防方法に徹するだけではダメでしょう。何もしないで手をこまねいている、というわけにはいきません。何もしないのは失敗を誘っているに等しいからです。

外科医たちの荒っぽい流儀は、外科医を育てる上では、紛れもない必要悪といえるでしょう。

不確実性に備えることはできるか

結局のところ、失敗とは何なのでしょうか。

外科医たちの荒っぽい流儀が、そのことを教えてくれます。

失敗とは、世界の不確実性の結果です。私たちは、ふだんは意識していませんが、この世界は不確実性に満ちています。医療の現場だけではなく、ビジネスの現場においても、不確実性は存在します。科学の現場でも、政治の現場でも、スポーツの現場でも、それは同じです。

外科の手術で転がっている「ピストル」のように、どうしようもない「ピストル」というものが、あらゆる現場に転がっています。

そういう不確実性に向き合うことは、全知全能ではない私たちにとっては困難なことです。「困難」というより、ほとんど「不可能」ではないかと、私は思っています。

向き合うことすら不可能なのですから、そこに何か合理的で普遍的な対策があるとは思えません。

悲しいことですが、全知全能ではない私たちは、世界の不確実性に対しては手も足も出ないのです。そういう不確実性に取り囲まれて、私たちは暮らしています。

「不確実性」とは**「人が最善を尽くしても、なお防ぎきれない失敗の原因」**です。どんなに車の運転に注意していても、誰かの不注意で起きた事故に巻き込まれることがあります。ある日、いきなり想定外の自然災害に見舞われて、予想外の損害を被ることがあります。

そうした不確実性に常に囲まれて暮らしていることを、全知全能ではない私たちは、そんなに詳しくは知らないし、そんなに合理的には理解できないし、そんなに強くは意識できないのです。

それゆえに、私たちは失敗をします。正確には、**この世界の中で「自分の思い通りにいかないという体験」をします。その体験こそが失敗の本質です。**

失敗の本当の原因は、私たちが自分の身の回りの不確実性の実態をよく知らないで暮らしていることによります。外科医たちの荒っぽい流儀は、こうした世界の不確実性に対する人類全体の苛立ちを象徴しているといえましょう。

私たちは失敗から世界を学ぶことができる

失敗を恐れるあまり、新たな挑戦を避ける人がいます。

確かに、失敗は嫌なものです。失敗をすれば誰でも不安になり、落ち込みます。それは人の特性です。

人は、なぜ失敗を嫌がるのか、なぜ失敗をすると人は落ち込むのか。

人は失敗をすると、「自分の存在が世界から拒まれた」と感じる存在なのではないでしょうか。

だからこそ、人は失敗を嫌います。誰だって、この世界で生きていたいのです。自分の存在を拒まれるということは、究極的には自分の死を意味します。誰だって死ぬのは嫌です。誰だって世界から死を突きつけられたら、不安です。落ち込みます。

それは、人として自然な感情です。

しかし、失敗は世界の不確実性の結果ですから、**私たちは失敗を通して世界の不確実性を学べる**のです。

どうすれば、世界から自分の存在が拒まれないのか。

どうすれば、この世界で安全に生きていけるのか。

失敗は世界からの警告です。失敗をすることで、人は世界から不確実性を教わり、将来の自分の生存をより確かなものとします。

その授業で必要なのは、**世界の不確実性に翻弄されている自分の姿を冷静に客観視しようとする意志**です。

失敗をしたときに、ただ「失敗した！　どうしよう！」と狼狽しているだけでは、世界の不確実性に翻弄され続けます。ますます気持ちは後ろ向きになるでしょう。

しかし、「失敗した。これは世界からの警告だ」と冷静に受けとめられれば、気持ちは前向きになります。

世界の不確実性に翻弄されながらも、自分の存在は、まだ完全に拒まれたわけではないことを悟り、多少なりとも不安を軽減できるのです。

同じ失敗を繰り返していると取り返しがつかなくなる

世界が不確実性に満ちていることを知らないと、人は同じ失敗を繰り返します。

特に「自分はいつも同じ失敗をしてしまう」と感じている人は、要注意です。世界から何度も同じ警告をもらっていることになるからです。

話が大きくて抽象的なものになりました。

もう少し小さくて具体的な話に切り替えましょう。

私は小さい頃からピアノのレッスンを受けていました。

そこで学んだことは「失敗それ自体は学習するな」というものです。

ピアノが下手なうちは、いつも同じところでつっかえてしまいます。ピアノが上手になりたかったら、つっかえたところで手を止めてはいけません。最後まで弾ききらないといけません。手を止めてしまうと、**「つっかえたこと」それ自体を学習してし**

まうことになるからです。

ピアノがなかなか上手にならない人は、それがわかりません。つっかえたら、つっかえたところばかりを反復練習しようとします。そして、反復する度に、同じようにつっかえる。そうやって、ますます「つっかえたこと」それ自体を学習してしまうのです。

ピアノを弾いていてつっかえることの意味を、「失敗は世界からの警告である」という観点で考えてみましょう。

ピアノを弾いていてつっかえるということは、楽譜で指定されている通りに自分の指を動かすことが世界によって拒まれている、ということです。

世界は「今のあなたでは、この楽譜で指定された音楽を奏でようと思ったら、指の動きや脳の働きが滞ってしまいますよ」と警告を発しているのです。

大切なのは、「今のあなたでは」というところです。

もし、今の「あなた」を今までとは違う新しい「あなた」に変えれば、世界が同じ警告を繰り返すことはないでしょう。**世界は、今の「あなた」は拒んでも、今までと**

は違う新しい「あなた」は拒まないはずです。それは、「あなた」がピアノを弾いていてつっかえなくなったことを意味します。

しかし、もし、今の「あなた」をいつまでも変えなければ、世界は同じ警告を繰り返します。つまり、「あなた」は、いつも同じところでつっかえ続けることになる。

そのうちに、世界のほうが嫌気がさすでしょう。「ピアノなんかやめてしまえ」と、より強い警告を発するようになるかもしれない。そのとき、「あなた」はピアノが嫌いになっているでしょう。おそらく、もう二度とピアノを触ろうとはしなくなるでしょう。

それは、かつてピアノを上手に弾きたいと願っていた「あなた」が、この世界から存在を拒まれ、消されてしまったということです。

この場合、ピアノを上手に弾きたいと願っていた「あなた」は生物的に殺されたわけではありませんが、心理的には殺されたも同然ということになります。

同じ失敗を繰り返すということは、世界からの警告を無視し続けるということなのです。そして、同じ失敗を繰り返しているものは、その存在をいつか消されてしまう。

それは、この世界の厳格な摂理といえます。

人は、「自分の失敗で不安になり、他人の失敗を面白がる」という特性を持つ

〝はじめに〟で述べたように、人は自分が失敗をしたときには、強い動悸を感じたり、冷たい汗をかいたりします。

それは不安という感情の現れです。

人は失敗をすると、なぜ不安に襲われるのか。

世界から警告を受けているからです。「今のあなたでは、そのうちに存在を消されてしまいますよ」という警告です。不安になるのは当たり前なのです。

〝プロローグ〟で「正しい現状認識のために、脳がこっそり教えてくれる手がかりが感情だ」という考え方を述べました。

世界から警告を受けているとき、人が認識すべき現状は、「このままだと自分の存在は消されてしまう」というものでしょう。そうした過酷な現状認識を求められれば、

誰だって不安になる。それは人として極めて自然な感情です。

一方で、人は他人の失敗を乞い願う存在でもあります。「他人の不幸は蜜の味」などともいいます。

なぜ人は他人の失敗を面白がるのか。

理由は二つあります。**一つは世界から警告を受けているのが自分ではないから**、ということ。

もう一つは、**自分以外の誰かの存在がなくなることは、多くの場合、競争相手が減ることを意味するから**、ということ。

〝はじめに〟で述べたように、人は「自分の失敗で不安になり、他人の失敗を面白がる」という特性を持っています。これはヒトという生物種が備えている習性といってよいでしょう。

この習性があったからこそ、ヒトは地球上で最も繁栄したに違いありません。

こうした仮説を認めることは、人として悲しくて不愉快なことではありますが、これを認めなければ、私たちは失敗から世界を学ぶことができないのです。

失敗を直視するということは、人の特性を直視するということでもあります。

第2章

失敗に対する欧米の考え方

日本人は完璧を求め過ぎている

日本では、多くの場合、失敗のリスクを吸収する仕組みが構築されていません。

一方、アメリカでは、その仕組みがうまく構築されています。宇宙飛行士の古川聡さんが話してくださったＮＡＳＡのチームワークは好例です。

日本人は完璧を求め過ぎていると、私は考えています。もう少し、アメリカ人の「Nobody's Perfect（誰も完璧じゃない）」を見習ったほうがよいと感じます。

その必要性を痛切に感じるのは、科学技術に対する日本とアメリカとの理解の違いが意識されるときです。

みなさんにとって、科学技術とは、どのようなものでしょうか。

おそらく、「いつも便利で役に立ち、私たちの生活をより良くしてくれるもの」でしょう。そうしたものに期待されるのは、便利さ、快適さ、そして完璧さではないでしょうか。

日本は、明治以降、科学技術も欧米から輸入してきました。多くの日本人が「便利さ、快適さ、完璧さ」を期待して、科学技術を熱狂的に受け入れました。

それゆえに、いったん科学技術により事故が起きてしまうと、それを許すという感覚がなくなります。事故が起こった瞬間、多くの日本人が、「騙された！」と思います。

「科学技術は完璧だというから、私は信じていたのに、完璧でないなら、そんなもの、失くしてしまえ！」と。

そんな不信感が、優れた日本人技術者を日本から追い出しています。青色発光ダイオードの中村修二さんは、その代表例です。中村さんは、徳島の化学会社に所属する技術者として、それまであまりにも暗くて使い物にならなかった青色発光ダイオードを根本から改良しました。1993年のことです。

ところが、ご自分の業績が日本では正当に評価されていないとして、アメリカの大学に移ってしまわれました。

科学者については、もっと顕著です。日本は優れた科学者をたくさん輩出しているのですが、それら日本人科学者が日本にとどまり続ける例は多くありません。

毎年、秋のノーベル賞の発表で、「日本人が受賞！」というニュースが飛び込むと、日本人はみんな喜ぶのですが、フッと受賞者の経歴をみてみると、アメリカの大学に所属されていたりします。

21世紀の受賞者でいえば、ずっと日本で研究を続けていらしたのは益川敏英さんくらいでしょう。

日本発の医療技術革新と期待されているｉＰＳ細胞の山中伸弥さんでさえ、一時期は海外で研究をされていました。

科学には理系も文系もない

日本人の科学技術に対する誤解の根底には、科学技術と科学の違いに敏感でないことがあるように思います。

「科学技術」は英語では「technology（テクノロジー）」といいます。「techno（技術・工芸）」と「logy（言葉）」とが組み合わさった言葉です。「技術や工芸を言葉で表すこと」くらいの意味でしょうか。

一方、「科学」は英語では「science（サイエンス）」といいます。「サイエンス」の語源はラテン語の「Scientia（スキエンティア）」です。これは**「知ること」**という意味です。

よって、「科学技術」には、いわゆる理系の響きがあるのですが、「科学」には、それがないのです。「知ること」に理系も文系もないわけです。

欧米では、このことが広く認識されています。自然科学だけが科学でないことを知っている人が日本よりも圧倒的に多いのです。

「自然科学」とは、物理学や生物学などの自然現象を扱う諸学問です。

これに対し、「人文科学」「社会科学」といった諸学問もあります。

「人文科学」は哲学や文学や歴史学などを含み、「社会科学」は経済学や政治学や法律学などを含みます。

これら人文科学や社会科学と自然科学とでは、ずいぶん毛並みが違うと思われるかもしれませんが、双方を仕切る垣根は、それほど高くありません。

特に経済学は理論物理学の手法を経済活動に当てはめるというところから始まっているくらいなのです。

つまり、経済学の根っこは物理学にあるのです。

ですから、投資を好む欧米人は物理学的な思想を持っている人が多かったりします。

投資は一種の実験であり、うまくいくことがあれば、うまくいかないこともある。その不確実性を楽しんでいる人が多いのです。

ところが、投資を好む日本人に物理学的な思想を持っている人は稀です。多くの日本人は「利益は見込めるか」「リスクはゼロか」などの利便性のみに着目して投資をおこなっています。投資の不確実性を楽しむという発想は頭から排除している人が多いのです。

日本では、「文系は文系、理系は理系」の棲み分けが、度を越していると感じます。こうした文理の壁が、「成果の上がらない事業は不要、目標を達成できない企業は無能」と切り捨てる風潮を生んでいるといえましょう。

自然科学では、この世界の自然現象を扱います。第1章でも述べたように、この世界は不確実です。よって、自然科学を少しでも真剣に学んだことのある人は、「どうしても成果の上がらないことはある」とか「どうしても目標を達成できないことはある」ということを知っています。それは日本人でもそうです。

ところが、自然科学を真剣に学んだことのない人には、それがわからない。「成果が上がらないのは怠慢だ」とか「目標を達成できないのは無能だ」などと決めつけたがる。

日本社会は、この「自然科学を真剣に学んだことのない人」が多数派なのです。

よって、この世界が不確実であることを知らない、あるいは、不確実であることを認めようとしない風潮があります。この風潮は決して日本社会のプラスにはならないと、私は考えています。

欧米では失敗を最初から織り込んでいる

文理の壁が低い欧米社会では、「利益が見込めるとは限らない」「リスクがゼロであるわけがない」という考え方が一般的です。

失敗を最初から織り込んでおくのです。

こうした考え方が欧米の社会を活力のあるものにしています。「Nobody's Perfect（誰も完璧じゃない）」というアメリカ人の発想は、その具体例の際たるものといえます。

こうした発想が、いわゆるブラックボックスを作り出したと考えることができます。

みなさんは、この「ブラックボックス」という言葉をご存じでしょうか。

ブラックボックスとは、内部の動作原理を理解していなくても、外部から見てわかる機能を理解すれば、十分に利用できる装置のことです。家電などの工業製品の大半は、まさにブラックボックスといえます。

例えば、テレビはブラックボックスです。テレビの動作原理を理解している人は稀ですが、テレビの構造が理解できないからといって、テレビを利用しようとしない人はいないといってよいでしょう。

旅客機に搭載されるブラックボックスもあります。万一、旅客機が事故にあって生存者が一人もいない場合でも、そのブラックボックスに内蔵されたフライトレコーダーやボイスレコーダーの記録から、事故の原因を究明するためのものです。

このブラックボックスは、もともとのブラックボックスとは少し意味が違っています。旅客機のブラックボックスは、単に「外部からは内部の記録の様子がわからない」くらいの意味です。

もともとの意味でのブラックボックスは、アメリカで確立された概念です。この概念は、そうした概念が確立されうることを知った上で見直すと、とりたてて驚くべきものではないように感じられるのですが、そうした概念が確立されうることを知らないうちは、そう簡単に思いつくものではありません。

特に完璧を求め過ぎる日本人にとっては、とうてい到達しえない概念だと思います。

「使い方が少しくらい複雑でも、きっちり覚えて使ってくれる」

そう考えるのが日本人です。

これに対し、アメリカ人は違います。「使い方が少しでも複雑だと、誰も覚えてくれないに決まっている」と考えます。まさにアメリカ流の「Nobody's Perfect（誰も完璧じゃない）」がブラックボックスの概念を生み出したといえるのです。

レーシックが日本に問いかけていること

科学技術や科学だけでなく、医療技術や医学の捉え方にも、日本と欧米とでは違いがあります。

レーシックを例にとりましょう。

「レーシック（LASIK）」とは、人の目にある角膜にレーザーを当て、角膜の屈折を調整することで、視力の回復をもたらす医療技術のことです。

この医療技術の英語表現である「Laser-Assisted in Situ Keratomileusis」を縮めて「LASIK」と呼んでいます。

その意味は「レーザーを用い、眼球から角膜を取り出してくることなく、角膜を彫り整える手術」というもので、日本語で「レーザー角膜切削形成術」といったりもするそうです。

レーシックは、それまではメガネやコンタクトレンズでしか成しえなかったことを、メガネやコンタクトレンズを用いず、レーザーを用いた手術で実現しようという医療技術です。まさに医療における技術革新といえるでしょう。

この技術革新はギリシャやロシアに源流を求められるようですが、レーシックが今日のような一般的な医療技術として確立され、広く支持されるようになったのは、1990年代のアメリカでした。

ブラックボックスといい、レーシックといい、アメリカ人は、この手の技術革新が得意です。

レーシックの発想も、どことなくブラックボックスの発想に似ています。

実は、アメリカ流の「Nobody's Perfect（誰も完璧じゃない）」の発想がレーシックの確立を強く促したと、私は考えています。

というのは、もし、「メガネやコンタクトで十分じゃないか」という考え方に縛られていたら、レーシックを確立させることはできなかったはずだからです。

「誰も完璧じゃない。メガネやコンタクトレンズを我慢して使い続けることは可能だろうが、ときには我慢できなくなることもあるに違いない」

そういう発想があったからこそ、レーシックが確立され、広く支持されたのではないでしょうか。

完璧を求め過ぎる日本人は、「それくらい、みんな我慢できるでしょ」となって、同じような発想の芽を自ら摘みとっていた可能性があります。

ところで、レーシックが日本で一般的になったのは、2000年を過ぎてからです。メガネやコンタクトレンズに代わりうる有効な視力回復法として、またたく間に広く認知されるようになりました。

アメリカでブラックボックスの家電が普及し、遅れて日本でも同様の家電が普及してきた歴史を、レーシックもなぞるかのように思われました。

ところが、2010年頃になって、「レーシックは危険だ」との認識が広まり、一時は年間40万件ほどあったレーシックの施術数が、20万件に激減します。

レーシックは本当に危険なのでしょうか。

そんなことはありません。レーシックは決して危険な手術ではありません。

レーシックを熟知した眼科医によれば、熟練した施術者が万全の配慮のもとにおこなえば、むしろ安全な手術といっても過言ではないそうです。

ただし、どんな手術にもリスクがあります。手術には合併症がつきものです。

「合併症」とは、主に手術を受けたことによって直接的ないし間接的に体に現れる病的な変化のことです。「手術の副作用」とも呼びえます。

第1章で述べたように、手術というものは、経験のある執刀医がかかわることを前提にしています。執刀医が不慣れな場合は、必ずベテラン執刀医が助手役に回るか、そばで見ていて、何かあったら、すぐにサポートに入れるように待機しているものです。

それは外科の手術に限ったことではなく、眼科の手術でも同様です。もちろん、レーシックも例外ではありません。

日本で2010年頃から「レーシックは危険だ」との認識が広まったのは、レーシックを受けて重篤な合併症を抱えてしまった患者が急増したことによります。

なぜ急増したのか。

十分な経験のある施術者がかかわらないレーシックが急増したからです。

おそらく、眼科の手術は外科の手術より敷居が低く感じられたのでしょう。眼科医として十分に経験を積んでいない人や、眼科医の経験は十分でも、眼科の手術の経験は十分でない人が、「レーシックは素晴らしい医療技術だ」と感じ、ぞくぞくと参入してきてしまったのです。

私たち医師でない者には、にわかには受け入れがたいことですが、レーシックに限らず、手術というものは、医師であれば、何科の医師であってもおこなうことが許されています。外科医はもちろん、内科医、耳鼻科医、小児科医、精神科医でさえも、レーシックをおこなうことができるのです。

なぜ、そのような制度になっているのでしょうか。

ここに日本の医療制度の不備を指摘する向きもありますが、一概にそうとはいえません。少なくとも、医師であれば何科の診療をおこなっても構わないという制度には、良い点もあるのです。

医学は未発達です。よく「高度に発達した現代医学」などと表現されることがありますが、それは相対的に見てのことであり、絶対的に見たら、まだまだ未発達なのです。

現代医学は、100年前の医学と比べるから、「高度に発達した」といえるのであって、人が「こうあってほしいなあ」という願望を尺度に評価したら、とても「高度に発達した」とはいえません。

現代医学でも治せない病気は数知れません。人体には、まだまだ未知のことが多いのです。

例えば、手術のときに用いる全身麻酔薬がなぜ効くのかということさえ、よくわかっていません。よくわかっているのは、どの全身麻酔薬が、どんなふうに効き、どんな副作用の可能性があるかということだけです。

あるいは、手術のときに一時的に用いる人工心肺は実用化されてだいぶ経ちますが、患者の体に永続的に埋め込める人工心臓や人工肺の実用化は今のところメドが立っていません。人工肝臓などは「夢のまた夢」といわれています。肝臓で起こっている化学反応はあまりにも複雑で、人工的には代行させようがないと考えられているそうです。

このように現代医学が不十分である以上、すべての医師は科学者・技術者の視点を持つ必要があります。

第1章で、医師には「臨床医」と「研究医」の二通りがあり、双方の役割を兼ねている医師が少なくないことをご紹介しました。それは、現代医学が不十分であるからこそ、なのです。

科学者・技術者の視点とは、一言でいえば、自由な発想に基づく幅広い視点です。既成の知識や理解にとらわれない視点です。

医師であれば何科の診療をおこなっても構わないという日本の制度は、こうした視点を持とうとする医師に対し、国として最大限の裁量を与えようという方針の現れです。

もし「何科の診療をおこなっても構わない」という制度がなくなったら、どうでしょうか。

眼科医は眼科のことだけ、外科医は外科のことだけ、内科医は内科のことだけ、小児科医は小児科のことだけ、精神科医は精神科のことだけしか、関心を持とうとしなくなるでしょう。

そうなれば、医学の発達速度が大いに鈍ってしまう可能性があります。

人体には、まだまだ未知のことが多いのです。どこで何と何とが関係を持っているか、わかりません。眼のことだと思われていたことが、実は精神のことであるとわかったり、手術でしか治せないと思われていた病気が、服薬でも十分に治せるとわかったりするかもしれないのです。

レーシックの話に戻します。

もし、厚生労働省が日本社会から「レーシックは危険だ」という認識を一掃しようと思ったら、それはそう難しいことではありません。「眼科の専門医しかレーシックをおこなってはならない」と省令を出せばよいのです。

しかし、その代償は計り知れません。そうした省令をいったん出してしまえば、レーシックだけにとどまらず、多くの医療技術が専門医の垣根によって次々と細分化されていくでしょう。

その結果、各科の医師は自分たちのタコツボにこもりきりとなり、自由な発想での新たな技術革新が期待できなくなります。

それは、10年先の未来を考えたら、たいしたことではないかもしれませんが、100

年先の未来を考えたら、ちょっと恐ろしいことです。日本の医療技術が外国より大幅に遅れるかもしれないからです。

レーシックが日本に問いかけていることは二つあります。

一つは、**画期的な技術革新には、アメリカ流の「Nobody's Perfect（誰も完璧じゃない）」の発想こそが必要**ではないのかということ。完璧を求め過ぎる日本では、このような技術革新は期待できないのではないか、ということ。

もう一つは、**この世界が不確実性に満ちているということを日本は忘れている**のではないかということ。この世界の不確実性と謙虚に向き合っていく覚悟が足りないのではないかということです。

多くの分野で最先端の技術を突き詰めているアメリカでは、単に画期的な技術革新を起こし続けるだけでなく、その技術革新がもたらす負の側面にも常に敏感であろうとしています。新たな技術革新がもたらした失敗のフィードバックをきちんと蓄え、しっかりと公表していこうという気風があります。

アメリカという国は、ただお気楽に「Nobody's Perfect（誰も完璧じゃない）」と笑っているだけではないのです。この不確実性に満ちた世界に、常に謙虚に向き合い続ける一面があります。

例えばレーシックは、国防を担うアメリカ軍の兵士たちにも推奨されていることをご存じでしょうか。

日本では考えられないことです。自衛隊は、今でも自衛隊員にレーシックを受けることを禁止しているようです。

完璧を求め過ぎる日本人は、「国防を担う自衛隊員がレーシックを受けて、もし合併症が出たらどうするんだ？」と考えます。

しかし、アメリカ軍は、そうは考えませんでした。

その理由は、おわかりでしょうか。

砂漠や密林などの過酷な戦場では、メガネやコンタクトレンズをつけた兵士は無力だからです。

この世界は不確実性に満ちています。自分たちに都合の良い場所だけで戦闘になるわけがありません。レーシックを忌避し、メガネやコンタクトレンズに頼り続けることで、〝戦えない戦士たち〟を戦場に送り出すのは愚かなことです。

ここに、アメリカ軍の失敗のフィードバックがあったと考えられます。おそらく、メガネやコンタクトレンズの兵士たちを数多く戦死させた結果を経て、「過酷な環境では裸眼でなければ戦えない」という結論に達したのではないでしょうか。

新規の医療技術であるレーシックには不確実性があります。しかし、既存のメガネやコンタクトレンズをつけた兵士たちを戦場に送り出すことにも不確実性はある。そのことに気づき、双方の不確実性を秤にかけた上でレーシックの推奨に踏み切ったアメリカ軍は、この世界の不確実性に謙虚に向き合い続けている組織といってよいでしょう。

欧米では、この不確実性に満ちた世界を生き抜くためにこそ、科学技術や科学知識が重用されているように思います。医療技術や医学知識も同様です。決して便利で豊かな生活を送るためだけではないのです。

ですから、科学技術や科学知識への信頼度が、欧米では高いのです。便利で豊かな生活を送るためのツールと思えば、「なくてもいいよ」となりますが、不確実性に満ちた世界を生き抜くためのツールと思えば、「信頼しよう」あるいは「信頼せざるをえない」となります。

私は、日本とアメリカの科学技術や科学知識に対する信頼度を比較しようと試み、ある数字を弾き出しました。その数字とは「10分の1」です。

日本はアメリカと比べて10分の1くらいしか科学技術や科学知識を信頼していないという数字です。例えば、JAXAの予算はNASAの10分の1です。日本の国内総生産がアメリカのそれの半分であることを勘案しても、大き過ぎる差です。

あるいは、一般向け科学雑誌『日経サイエンス』の売り上げは、その翻訳元である『Scientific American（サイエンティフィック・アメリカン）』の売り上げの10分の1以下です。『日経サイエンス』は日本国内で2万部、『Scientific American』はアメリカ国内だけで50万部です。

そして、日本のレーシックの施術数は、アメリカのそれの10分の1です。アメリカの年間200万例に対し、日本は20万例です。

これらの数字は、**日本における科学技術や科学知識に対する信頼度はアメリカの10分の1くらいしかない**ということを示しています。

日本人選手は、かつて感情のコントロールが下手だった

プロローグで**感情を軽視する人は失敗をする**という考え方を述べました。特にスポーツの世界で重用される考え方だといわれます。スポーツの世界では、メンタルトレーニングが重視されています。

昭和の頃は、日本は、メンタルトレーニングの取り組みが遅れていました。したがって、よくこんなことがささやかれていました。

「日本人選手は感情のコントロールが下手だ。『日の丸を背負って失敗したらどうしよう』と考え、普段の実力を出し切れない。それに対し、欧米の選手は感情のコントロールが上手だ。『国を背負って戦えることは名誉なことだ』と考え、普段の実力をいかんなく発揮する」

平成になって、そのようなささやきは聞かれなくなりました。今では多くの日本人

選手が、メンタルトレーニングを取り入れ、「日の丸を背負って戦えることは名誉なことだ」と考えるようになったからです。

ところで、「感情のコントロール」とは、具体的には、どういうことを指すのでしょうか。

それは、一言でいえば、**ネガティブな感情を抑え込み、ポジティブな感情を引き出すことです。**

しかし、この本の監修をお願いした徳永さんによれば、**そもそも感情というものは人がコントロールできるものではないそうです。「できるのは人の感情を知り、その感情からわかることを現状認識に活かすことだけだ」ということです。**

私も、プロローグや第1章で「正しい現状認識のために、脳がこっそり教えてくれる手がかりが感情だ」という考え方を述べました。

この場合の「感情」とは、主に不安です。人は現状認識が正しくできていないときは、不安を覚えます。

不安と恐怖との違いをご存じでしょうか。

「不安」とは「対象なき恐怖」です。つまり、何を恐れるべきかがわかっているときには「恐怖」であって、わかっていないときは「不安」なのです。

「わかっていない対象を恐れる」なんてことがありうるのか、半信半疑の方もいらっしゃるでしょう。

たしかに、矛盾した考え方に思えますが、「無意識」という概念を導入することで、この矛盾は取り除けます。

私たちの心は、自分で意識できる部分と意識できない部分とから成ると考えることができます。

この無意識の概念を初めて本格的に提唱したといわれるのが、かの有名なフロイトです。19世紀後半から20世紀前半のヨーロッパで活躍した心理学者・精神科医です。この概念を導入することで、フロイトは、いわゆる精神分析の体系を築き上げるのです。

人の心には自分で意識できる部分と意識できない部分とがある。そして、感情の多くは、実は意識できない部分が生みだしていると考えることができます。

例えば、なかなか実家に帰ってこない娘が久々に帰ってくる。そのとき、夫は、やたらと嬉しそうである。ところが、妻がそれを指摘すると、「嬉しくなんかないさ」と強がってしまう。「だって、あなた、とっても嬉しそうよ」と食い下がると、「何をいっている！」と怒り出す。

いわゆる「照れ隠し」というやつですが、照れ隠しの多くは、当人は照れている自覚もなく、大真面目であったりするのです。照れを隠している意図はまったくありません。

この心理は、「娘が帰ってきて嬉しい」という感情は間違いなくあるのだけれど、それが当人によってはまったく意識されていないと考えれば説明がつきます。心の無意識の部分では喜んでいるのに、意識的な部分では必ずしも喜んでいるとは限らない。

人の心は、そうした二重構造になっています。

この二重構造は、私たちにとっては一見、厄介なことのように思えるのですが、おそらく、むしろ幸せなことであるはずです。

心は脳の働きだと考えられています。その脳は、コンピューターの仕組みになぞらえて説明されることが多いのですが、実際の脳は、人類が作ったどのコンピューターよりも格段に優れた働きを持っています。

もちろん、なかには記憶や計算など、脳よりコンピューターのほうが得意な働きもあるのですが、逆のほうが圧倒的に目立ちます。

その最たる例は、自発的な着想、創造的な発想です。コンピューターはプログラムが与えられなければ新しいことを始められませんが、脳はプログラムが与えられなくても勝手に新しいことを始められるのです。

つまり、脳はコンピューターがなくても新しい環境に適応できますが、コンピューターは脳がなければ新しい環境には適応できないのです。

よって、脳は、私たちが知っているあらゆるコンピューターよりも格段に優れた情報処理能力を持っているに違いありません。脳が扱う情報や脳の情報処理の過程は、おそらく、私たちの理解をはるかに超えて膨大でしょう。

もし、それら情報や情報処理の過程のすべてを私たちが意識していたら、どうなるでしょうか。

何となく想像がつきませんか。

そうです。おそらく気が狂いそうになるでしょう。

そうはならないように、私たちの脳は情報や情報処理の過程のごく一部だけを私たちに意識させているのだと考えられます。「幸せなこと」といったのは、そういう意味です。

人の心の大半が無意識の部分から成っていて、しかも、人の感情が心の一部であるならば、人の感情の本態は無意識から生じていると考えられます。

人の感情のうち、自分で意識できる部分を「感覚」、意識できない部分を「情動」と呼びましょう。

情動は感情の本態です。その情動の「目印」あるいは「ラベル」の役割を担っているのが感覚です。情動は、おそらくは脳の情報処理の全過程のことです。それに対し、感覚は、それら全過程が弾き出した計算結果です。

例えば、人が強く自分の不安を意識しているとき、その人は自分が脳全体で無意識に弾き出した計算結果を手にしていると考えることができます。計算結果だけがわかっていて、計算の過程はわからないのですから、例えば、自分の脳が何を恐れるべきだと伝えているかは、わからない。しかし、そこに恐れるべき何かがあるということは、ハッキリとわかるのです。

それゆえに、**人は不安の情動を感覚として意識することで、現状認識を正しく修正できるといえます。**

この不安の受け入れ方は、何か特別なことのように感じられるかもしれませんが、決してそうではありません。しばしば「何となく嫌な予感がする」などといいますが、その感覚を持つことこそが、不安を上手に受け入れることなのです。

この感覚は、自分の不安を手がかりに正しい現状認識へ至ることを体得している人には、何ら特別なことではありません。

話を整理しましょう。

感情をコントロールするとは、どういうことか。

「自分の感情を知る」ということです。

では、「自分の感情を知る」とは、どういうことか。

「自分の情動を意識し、感覚に変える」ということです。

その感覚を頼りに、自分の置かれた現状を正しく認識する。

こうした感情のコントロールを体得するには何か特別なトレーニングが必要に違いないと思われるかもしれませんが、そんなことはありません。

昭和の頃、日本のスポーツ選手は感情のコントロールが下手だといわれていました。平成の今、そんなことをいう人は稀です。

例えば、オリンピックでは、何人もの日本人選手がメダルを獲得している。サッカーや野球などの世界大会でも、日本代表チームは確かな存在感を示しています。そして、みなさん、口々にこうおっしゃっている。「日の丸を背負って戦えることを楽しみたい」と。

昭和の頃の日本人が聞いたら、「欧米のスポーツ選手の言葉か？」といぶかるでしょう。

昭和が終わって、わずかに四半世紀です。たった四半世紀で日本人の脳が根本的に進化したと考えるのは不自然です。ちょっと意識を変えただけで、平成の日本人選手は、昭和の頃の欧米の選手のように発言し、行動できるようになったと考えるのが自然でしょう。

この章では、失敗に対する欧米の考え方を日本の考え方と比べながら述べました。おおむね欧米の考え方のほうが日本の考え方よりも優れているという話になってしまいました。

こういう話をすると、私が欧米にコンプレックスを抱いているかのように思われるかもしれませんが、そうではありません。

ただ、欧米人や欧米社会の優れたところを見、それを真似できない日本人や日本社会を省みて、「どうして同じことができないのかなあ」と思わず嘆息することがあります。

私は、欧米人も日本人も同じ人間だということを忘れないようにしています。同じ人間なのだから、欧米人にできて日本人にできないことはありえないと考えています。ブラックボックスやレーシックを開発したのは欧米人です。しかし、それらを日本人が開発していた可能性だってなかったはずはないと、私は思うのです。

21世紀の現在、少なくとも失敗のフィードバックという点では、欧米のほうが日本よりも優れているといえます。

優れていない者が優れている者から学ぶのは、当然の成り行きです。欧米人が世界の不確実性に謙虚に向き合うように、そんな欧米人の姿勢を謙虚に見習うことから始めたらよいのではないでしょうか。

スポーツの世界での感情のコントロールという点では、ほぼ欧米に追いついたといってもよいでしょう。失敗のフィードバックという点でも、その気になれば、すぐ追いつけると、私は信じています。

第3章

失敗しないことが成功なのではない

成功には2種類ある

これまでは、失敗について考えてきました。

第3章では、成功について考えていきたいと思います。

成功とは何でしょうか。失敗をしないことでしょうか。

必ずしもそうではありません。すべての成功が失敗の反対なのではありません。

プロローグでは二つのキーワードのことを述べました。「利益獲得型」と「損害回避型」です。

実は、成功にも2種類あります。**「利益獲得型の成功」**および**「損害回避型の成功」**です。

これら2種類の成功は、プロセスがまったく違います。利益獲得型の課題では、9

回くらい失敗をしても1回だけ失敗をしなければ、それで成功となることがほとんどです。

一方、損害回避型の課題では、5回なら5回、10回なら10回すべて失敗をしないことが成功となります。

これは、利益獲得型では、1回の失敗による損害が軽微で、失敗しないことによる利益が莫大であること、また、損害回避型では、1回の失敗による損害が甚大で、失敗しないことによる利益は微小であることによります。

さらに別の角度から捉えることもできます。

利益獲得型の課題では、読んで字のごとく「利益」が「獲得」されるのです。その瞬間、ひとまず課題は「成功」となります。これは、**利益獲得型の課題には終わりがある**ことを意味します。利益が獲得される瞬間は、すぐにそれとわかるからです。山師が鉱脈を掘り当てれば、すぐにそれとわかります。

これに対し、損害回避型の課題では、読んで字のごとく、「損害」が「回避」されるのです。その瞬間というのは、ふつうわかりません。これは、**損害回避型の課題には終わりがない**ことを意味します。損害が回避される瞬間は、それとはわかりません。

下手をすると、未来永劫わからない。踏切番が未然に防いだ大惨事というのは、防がれたがゆえに、すぐにそれとはわからないのです。

ということは、もし、あなたが何かで成功を収めようと思ったら、自分の取り組む課題がどちらの型なのかを認識しておかなければ話にならないということです。

利益獲得型の課題なのに損害回避型だと誤解をしていたら、いつまで経っても利益を獲得することはできません。

損害回避型の課題なのに利益獲得型だと誤解をしていたら、いつか再起不能の損害を被ります。

「はやぶさ」が成功したエンジンのからくり

ＪＡＸＡの小惑星探査機「はやぶさ」は、２００３年に打ち上げられ、２０１０年に見事、地球へ帰還しました。

この「はやぶさ」が取り組んだ課題は、少なくとも大局的には利益獲得型でした。この課題で想定された「利益」とは、小惑星イトカワの表面で採取したサンプルを無事に地球へ持って帰ってくるというものでした。

この利益は途方もないものでした。月以外の天体からサンプルを採取して地球に持ち帰るというのは、世界初の試みだったからです。

この途方もない利益が獲得されるまでには、数多くの失敗が起こり、ときには必ずしも軽微でない損害がもたらされました。

「はやぶさ」が取り組んだ課題は、たしかに大局的には利益獲得型であったのですが、限定的には損害回避型の状況が存在しました。簡単にいうと、「はやぶさ」が宇宙に打ち上げられるまでは利益獲得型で、いったん打ち上げられてからは損害回避型だったのです。

損害回避型の局面を迎えた「はやぶさ」は、「これで失敗したら終わり」という失敗を防ぎ続け、再起不能の損害を回避し続けたことで、最終的に途方もない利益を獲得しました。

それまでには、まさに絶体絶命ともいうべき状況が「はやぶさ」に襲いかかりました。

最も深刻だったのは、おそらく「イオンエンジンの異常停止」でしょう。

このとき「はやぶさ」を救ったのは**損害回避型の課題で重要とされる「遊び」の発想**でした。

「はやぶさ」は「イオンエンジン」を採用していました。

これは、マイクロ波の電波を使ってプラズマを作るエンジンで、「マイクロ波放電式イオンエンジン」とも呼ばれています。この独自の方式を実用化したのは、世界で

「はやぶさ」が初めてです。

このイオンエンジンは4基あったのですが、打ち上げ直後に1基の動作が不安定になり停止してしまいました。

それだけではなく、2007年4月には中和機が劣化したもう1基が停止し、2009年11月には何と3基目の中和機も劣化、再起動できない状態に陥ってしまいました。つまり、4基のエンジンのうち3基が停止し、地球に戻れない可能性が出てきたのです。

しかし、「はやぶさ」には停止してしまった2基のエンジンの機能を組み合わせる「クロス回路」という代替回路が仕込んであったため、停止してしまった2基分から1基分に相当する推進力を得ることに成功します。

このクロス回路の存在こそが、「はやぶさ」に再起不能の損害を回避させ、イトカワの表面で採取したサンプルを無事に地球へ持って帰らせた要因でした。

「はやぶさ」のエンジン開発を担当された國中均さんは、次のようにおっしゃっています。

「このクロス回路は、万が一の場合を想定して用意したもので、まさか、実際に使うことになるとは思ってもいませんでした。本来であれば設計する必要のなかった回路なのです。しかし、せっかく設けた回路なので、一度は使ってみたいとも思っていました。当然、なかなか使うチャンスはめぐってきませんでした。そのため、イオンエンジンが異常停止したときには、『ついに使う時が来たな』と思いましたね」

この話で興味深いのは、「宇宙という過酷な環境の中では、エンジンの推進力が全部失われるかもしれない。では、そのときにどう対処すればいいのだろうか」という想定をしていたことです。

着目すべきは、万が一の場合を想定して用意しておいたこのクロス回路は、本来は必要のなかった「遊び」の回路だったということです。

一般に、損害回避型の課題では「遊び」を持たせることが有効です。

ここでいう「遊び」とは、例えば、踏切番が風雨をしのぎやすくするために、踏切の近くに見張り小屋を建てるようなことに相当します。

見張り小屋は踏切番の仕事に本来は必要ありません。雨風をしのげなくても、踏切番の仕事それ自体は遂行可能です。

しかし、見張り小屋があった場合となかった場合とで、どちらが踏切事故を招きやすいかは、明らかでしょう。

見張り小屋がなく、傘や雨ガッパだけで風雨をしのぐ踏切番に多くを期待することはできません。見張り小屋がなかったばかりに、たまたま猛烈な風雨に見舞われて列車を見落とし、踏切の遮断機を降ろし損ねてしまったら、通行人は踏切を渡り終えることなく、息絶えるでしょう。

「はやぶさ」のプロジェクトでも同じことがいえます。

もし、「必要かつ十分な装備だけにしろ」というプレッシャーが蔓延し、クロス回路のような「遊び」を仕込めなかったばかりに、イオンエンジンの異常停止になす術もなく手をこまねいているだけだったとしたら……。

「はやぶさ」は間違いなく宇宙の塵と消えていたのです。

「はやぶさ」のプロジェクトは、大局的には利益獲得型でした。

しかし、その成功は損害回避型で重要とされる「遊び」がもたらしたものであったことは、特筆に値します。

プロローグで述べたように、現実の課題では、利益獲得型の局面と損害回避型の局面とが目まぐるしく入れ替わります。

「はやぶさ」が取り組んだ課題も例外ではありませんでした。

「はやぶさ」の成功は、あくまでも利益獲得型の成功ですが、その成功は損害回避型の局面を無事に乗り越えたからこそのものであったことは決して忘れてはいけません。

再起不能の損害を回避するためのバッファー

再起不能の損害を回避するためには「遊び」が必要だと述べました。

この「遊び」は、危機的な状況ではバッファー（buffer）の役割、つまり緩衝材の役割を果たすことが知られています。

例えば、ナットはギチギチに締めて「遊び」がないようにしてしまうと、かえって振動でゆるみやすくなり、逆に危なくなるということがあります。

車のブレーキも同様です。踏み込んだ瞬間にグッとブレーキが効いてしまったら、かえって危ない。

「遊び」が危機的な状況でバッファーの役割を果たしているかもしれないということを、ぜひ忘れないでいただきたいと思います。

特に、大局的には利益獲得型で、たまに損害回避型の局面を迎えるという課題に取り組むときは、要注意です。

どんな会社にも「あんまり仕事はやってないんだけど、いつも会社全体を見渡している」という人、つまり、「バッファーみたいな人」がいます。

ところが、会社が取り組んでいる課題の多くは利益獲得型ですから、そういう人は「会社の利益の獲得に貢献していない」という理由でリストラにあいやすいのです。

そして、その人がリストラで切り捨てられた途端に、会社の不祥事が増えたりする。法令遵守や顧客保護を怠り、甚大な損害が出て、会社が倒産してしまったりする……。

「バッファーみたいな人」がいたときには、「これ、何かおかしいんじゃない?」と、その都度、指摘が上がっていたために、不祥事は未然に防げていた。しかし、そのことに気づいたのは会社が倒産した後だった……。

会社の経営者であろうと従業員であろうと、そうした「バッファーみたいな人」の貢献を正しく評価してあげることは、会社が再起不能の損害を回避するためには必要なのです。

バッファーを全部なくしてしまう。それは**「直列的」な考え方**です。

「直列的」な考え方は利益の獲得を一直線に目指すには有効なのですが、再起不能の損害を回避するには無効であるばかりか、かえって有害です。再起不能の損害に向かって一直線ということになりかねない。再起不能の損害を回避するには、**「並列的」な考え方**が必要です。

昔はクリスマスツリーの昔の電飾をご存じですか。クリスマスツリーの電飾のどれか1個が切れてしまうと、全部の電飾が切れていました。

しかし、今のクリスマスツリーは回路に工夫がされていて、どれか1個が切れても、残りは全部ついています。これこそが**「並列的」な考え方**のエッセンスを表しています。

クリスマスツリーの電飾だと数が多過ぎて、かえってわかりにくいかもしれません。パソコンのデータを例にとりましょう。

この本の監修をお願いした徳永さんは、以前、某パソコン販売店で、こんな話をきかされたことがあるそうです。

「最も確実なバックアップは、いつもパソコンを2台並列に使うことです」

「2台並列に使う」といっても、ただ、それら2台を気の向くままに使い分けるだけなのですが、一つだけルールを設けるのです。それは、1台を使ったら必ずもう1台にデータをコピーしておくというものです。

この作業を習慣化しておけば、どちらのパソコンにも最新のデータが入っていることになります。よって、万一、予期せぬ事態が起こってパソコンが1台ダメになっても、もう1台が残っている。だから、「最も確実なバックアップ」なのです。

パソコンを2台並列に使う。まさに「並列的」な考え方の典型といえます。

その都度データをもう1台にコピーしておくというのは、かなり面倒でしょう。しかし、それを習慣化しておけば面倒には感じられない。たしかに、これ以上に確実なバックアップはなさそうです。

その話を聞いた徳永さんは、一瞬「2台買おうかな」と本気で思ったそうです。

「だって、その店員さんは、『私はそうやって2台並列で使ってますよ』って、こともなげにおっしゃったんで……」

その話を聞いた私の友人は、「徳永さん、それ、だまされてますよ」と笑いました。

「うーん。だまされてますかねー」

「ええ。だまされてると思います。ちなみに、そのパソコン販売店って、どこのことですか？」

「アップルの直営店です」

最後は二人で大笑いをしたそうです。

私もアップルのヘビーユーザーなので、その笑いは十分にシェアできます。

再起不能の損害をギリギリのところで回避し続け、その後、世界有数の企業にのし上がったアップル社には、まさに打ってつけのセールストークといえそうです。


この話には後日談があります。

徳永さんは２０１１年３月11日の東日本大震災で宮城県の海岸近くの病院に勤めていて、被災しました。そのときに、アップルの直営店で買ったノートパソコンは津波で流されたそうです。カバンや職場の机も一緒に流されたので、バックアップ用のＵＳＢメモリもすべて失ったそうです。

「たしかに予期せぬことって、起こるんですよね」

このとき、宮城県の内陸にある徳永さんの自宅は、津波の被害にはあいませんでした。ですから、アップルのセールストークを真に受け、ノートパソコンを2台買い、職場と自宅とで2台並列に使っていれば、たしかに徳永さんは大切なデータを失わずに済んだのでした。

チームワークが成功へと導いていく

２０１３年に京都産業大学が主催したシンポジウムで、ＪＡＸＡの小惑星探査機「はやぶさ」のプロジェクト・マネジャーだった川口淳一郎さんとご一緒したことがあります。

そのシンポジウムで川口さんから直に伺ったお話は大変に印象的でした。

「日本では、会議が始まると『できない理由、失敗する理由』を真っ先に挙げる人がいます。そのような人が主導権を握るプロジェクトは成功から遠ざかると私は思っています。本気で何かを成し遂げたいと思う人は『できる理由、成功する理由』を真っ先に挙げるものです」

たしかに、そうなのです。「できない理由、失敗する理由」というのは、挙げるのが難しくないのです。誰もが、いくらでも挙げられます。

それなのに、日本では、「できない理由、失敗する理由」を挙げると、なぜか褒められるのです。

川口さんも、同じことを懸念されていました。

「『できない理由、失敗する理由』を次々と挙げていく人は、みんなから『あの人は優秀だ』『よく気がつく人だね』と高く評価されます。たしかに、気配りができるという意味では、高く評価されてよいでしょう。そうした気配りは、私たち日本人が得意なことかもしれません。でも、本気で何かを成し遂げようとするプロジェクトでは、『できる理由、失敗しない理由』を真っ先に挙げる人が高く評価されなければなりません。そんなドン・キホーテみたいな人がいてこそ、実際に何かを成し遂げることができるのです」

川口さんがおっしゃったことは、**利益獲得型の課題に取り組むときの鉄則**です。すなわち、**「できる理由、失敗しない理由」に着眼する。** この着眼がなければ、利益獲得型の課題で成功を収めることは不可能です。

利益獲得型の課題では、ほとんどの試みが失敗に終わっても構わないのです。たった1回でも失敗をしないで済み、そこで莫大な利益が獲得できれば、十分に成功なのです。

つまり、利益獲得型の課題に取り組むときは、「できない理由、失敗する理由」を見出す意義はありません。だって、ほとんどが失敗に終わるのですから。

それよりも、「できる理由、失敗しない理由」を見出すことのほうが、1回でも失敗をしないで莫大な利益を獲得するためには、はるかに意義深いものです。

利益獲得型の課題に取り組む会議で「できない理由、失敗する理由」をとうとうと述べる人は、現状認識が正しくできていない人です。

自分たちは利益獲得型の課題に取り組んでいるにもかかわらず、あたかも損害回避型の課題に取り組んでいるかのように錯覚をしているからです。

川口さんは、そのような人を「気配りのできる人」としてフォローされていましたが、本当に気配りができる人は、たぶん現状認識を誤りはしないでしょう。

本当に気配りのできる人は、利益獲得型の課題に取り組む会議ではドン・キホーテになるはずです。

そして、損害回避型の課題に取り組む会議では「できない理由、失敗する理由」を挙げまくる。決して利益獲得型や損害回避型のどちらかに偏ってしまうような愚は犯さないはずです。

先ほど紹介した「はやぶさ」のイオンエンジンのクロス回路を思い出しましょう。「はやぶさ」のプロジェクトでエンジンを担当され、クロス回路を仕込まれた國中均さんは、おそらく「本当に気配りのできる人」だったのでしょう。

大局的には利益獲得型であった「はやぶさ」のプロジェクトにあたって、國中さんは、このプロジェクトがいつか損害回避型の局面を迎えることを見越し、クロス回路を仕込まれたはずです。

私にとって興味深かったのは、このクロス回路のことを、どうやらプロジェクト・マネジャーだった川口さんはご存じなかったらしいということです。

それでよかったのだと思います。

リーダーは、常に大局的な視点を持っていなければなりません。「はやぶさ」のプロジェクトは大局的には利益獲得型でした。

リーダーであった川口さんには、限定的な損害回避型の状況にまで気を回す必要はなかったのです。それは、川口さんを支えるフォローワーの役目でした。

「はやぶさ」のプロジェクトが成功したのは、個々のメンバーの能力や意欲が傑出していたからでしょう。

しかし、それだけでなく、「はやぶさ」のプロジェクトでは、チームワークが優れていたことを見逃してはいけません。もし、このチームワークを欠いていたら、「はやぶさ」が小惑星イトカワのサンプルを地球に持ち帰ることはできなかったに違いありません。

チームワークは信頼関係とマニュアルから成る

現実の課題では、利益獲得型の局面と損害回避型の局面とが目まぐるしく入れ替わります。そうした課題にチームで取り組む場合に必要なのは、チームワークがすべてといっても過言ではありません。

どんなに能力や意欲の傑出したメンバーが集っていても、チームワークを欠いていたら、メンバーの能力や意欲は空回りするからです。

「チーム」とは組織のことに他なりません。

プロローグで述べたように、組織は一般的にはリーダーとフォロワーとから成ります。リーダーは、チームの取り組む課題が大局的には利益獲得型なのか損害回避型なのかを、いつも忘れません。

一方、フォロワーは、そうした大局的な視点からチーム全体を俯瞰するのはリーダーに任せ、自分の持ち場で、迫りくるあらゆる局面を想定します。

リーダーは、そうしたフォロワーたち一人ひとりの気配りを信じ、持ち場を任せます。

こうしたチームワークを体現している好例が、アメリカのザ・リッツ・カールトン・ホテルの決裁権の仕組みです。

このホテルでは、従業員に最高2000ドル（約20万円）の決裁権を与えていることで有名です。このような仕組みになっている理由は、従業員が先回りした心遣いで顧客を驚かせようと思ったときに、いちいち上司に決済を仰いでいたのでは間に合わないと考えたからです。

ホテルはサービス業です。個々の利用客に行き届いたサービスを提供することで利益を獲得する課題に取り組んでいます。ですから、少なくとも大局的には明らかに利益獲得型です。

しかし、ホテルの現場でも、様々な事態が起こりえます。ときには明らかに損害回避型の局面を迎える従業員も出てくるでしょう。このままでは、その利用客に見合った「行き届いたサービス」が提供できず、その利用客の不興を買ってしまいそうだ、など……。

そうした事態に備え、あらかじめ従業員の一人ひとりに2000ドルの決裁権を与えておけば、行き届いたサービスの提供機会を逃すことで利用客の不興を買い、未来の常連客を永遠に取り逃すという再起不能の損害を回避することができます。

その2000ドルは、その場に限ればホテルの損害かもしれません。

しかし、その2000ドルの損失で利用客の多くをつなぎとめることができるのならば、効果的な投資といえます。

この仕組みは、ホテルの経営者と従業員との信頼関係があってはじめて機能します。

ホテルの経営者は、あくまで大局的な視点から、利益獲得型の発想をします。

一方、ホテルの従業員は、そうした大局的な視点からホテル全体のことを俯瞰するのは経営者に任せ、自分の持ち場で、迫りくるあらゆる局面を想定します。

そして、いざ損害回避型の局面を迎えたときには、迷わず損害回避型の発想をする。多少の損害を出してでも、再起不能の損害を回避することに全力を傾けるのです。

ザ・リッツ・カールトン・ホテルの決裁権の仕組みは、経営者と従業員との信頼関係があってはじめて機能すると述べました。

しかし、本当は信頼関係だけではダメなのです。**マニュアルが同時に整備されていないと、十分な機能を発揮しません。**

マニュアルは信頼関係と相容れないものではありません。マニュアルの弊害が叫ばれて久しいのですが、マニュアルをいたずらに問題視する風潮は無意味です。

会社の経営者のなかには「うちではマニュアル対応を覚えても通用しない」とか「マニュアル人間は、うちの会社には必要ない」と言い放つことで、いたずらに従業員にプレッシャーをかけてしまっている人がいます。

そういう経営者は、おそらくマニュアルの意義だけでなく、信頼関係の意義も理解していません。

そういう経営者の会社こそ、皮肉にもマニュアル対応だけの会社、マニュアル人間だけの会社になってしまうものです。もちろん、バラバラなマニュアル対応、バラバラなマニュアル人間の会社に、です。

マニュアルとは、チームのリーダーによって、大局的な視点から整備されるべきものです。大局的にみて利益獲得型の課題に取り組むチームでは、利益獲得型のマニュアルが整備され、大局的にみて損害回避型の課題に取り組むチームは、損害回避型のマニュアルが整備されます。

そうしたマニュアルには、必ず「遊び」の部分が残されています。**細かいところまで決め過ぎない。一定以上の細部に立ち入ったら、あとはチームのフォローワーの裁量に任せる。そのための信頼関係をふだんから構築しておく。それがチームワークの基本です。**

こうした信頼関係が構築できなければ、チームはバラバラです。それぞれのメンバーは、リーダーであることをやめ、フォローワーであることをやめ、マニュアルを自分に都合よく解釈するか、自分で勝手に決めたマニュアルに基づいて行動するようになります。

その結果、バラバラなマニュアル対応が生じ、バラバラなマニュアル人間が生まれます。

つまり、チームの信頼関係がマニュアルの「かすがい」となることで、チームワークが生まれるのです。

チームの信頼関係だけではチームワークは生まれません。リーダーによって整備されたマニュアルがあってはじめて、チームワークは生まれるのです。

「ダメもと」の失敗を恐れないセンス

冒険家の三浦雄一郎さんがエベレストからスキーで大滑降すると決意されたとき、予算を工面するために松下幸之助さんや本田宗一郎さんらに直接会いに行き、「出資してほしい」とお願いをされたそうです。

実際に、みんな、気持ち良く三浦さんに出資されたといいます。

日本を代表する経営者として名を馳せられた方々は、なぜご自分たちのビジネスとは無縁ともいえる三浦さんの大滑降に出資されたのでしょうか。

それは、「チャレンジャーが持っている優れたセンスが共有されたからだ」と、今日では考えられています。

チャレンジャーが持っている優れたセンス。

それは、**失敗を恐れずにリスクを取るセンス**です。

松下幸之助さんや本田宗一郎さんは、まず自分のところに直接会いに来た三浦雄一郎という人物のチャレンジ精神に強く共感されたのではないでしょうか。

普通の人間であれば、経営の神様とも呼ばれているような方のところには、ただ会いに行くだけでも畏れ多いと感じるはずです。まして自分への出資をお願いするなど、もってのほかでしょう。

しかし、三浦さんは、そのような感情にとらわれることはありませんでした。出資を断られることに怯えることなく、果敢にお願いに行かれました。

その時点で、三浦さんのお願いは成功したようなものでした。

出資を断られることに怯えるような人は、その時点で、すでに成功への道が閉ざされているということになります。

成功のためには、**「失敗を恐れない」**ということが、ときに重要になってきます。

ここで押さえておきたいポイントは、二つあります。

一つは、三浦さんのお願いは利益獲得型の課題であったということ。

もう一つは、仮に松下幸之助さんや本田宗一郎さんから出資を断られていたとしても、損害がごく軽微であったということです。損害は、ほぼゼロといってもよい。

損害がゼロの失敗は**「ダメもと」の失敗**です。

「ダメもと」の失敗は、恐るるに足らない失敗です。むしろ、恐れてはいけない失敗といったほうがよいかもしれません。誰も挑戦しないようなことに挑戦する人というのは、「ダメもと」の失敗を恐れません。

逆にいえば、「ダメもと」の失敗を恐れる人は、誰もしていないことに挑戦することはありません。そのような人の口癖は「どうせダメだから……」。

そういう口癖の人をみかけると、私などは、つい歯がゆく思ってしまいます。

たしかに、気持ちはわかるのです。

「失敗して傷つきたくない、落ち込みたくない。だから、挑戦する気にならない」

つまりは、そういうことなのです。

しかし、「どうせダメだから……」こそ、挑戦してみる意義が出てくるのです。「どうせダメ」ということは、「ダメもと」の挑戦です。失敗をしても損害がゼロの挑戦です。こんなに楽しめる挑戦はないといえます。

誰も挑戦しないことに挑戦する人というのは、次のように考えます。

「ダメでもともとなんだから、とりあえずやってみよう。どうせ失うものなんて何も

ないのだから……」

これこそが、松下幸之助さんや本田宗一郎さんの心を突き動かした三浦さんのセンス、「チャレンジャーが持っている優れたセンス」です。

誰も挑戦しないことに挑戦して大成功を収める人というのは、一見、何か特別な行動をとっているようにみえるのですが、実は、ただ「ダメもと」の失敗を恐れないようにしているだけだったりします。

もう一つ例を挙げましょう。

指揮者の小澤征爾さんが無名時代にコンクールで優勝されたときのエピソードです。

当時、24歳の音楽青年だった小澤さんは、フランスのブザンソン国際コンクールへ応募すると決めたのですが、必要な書類がそろわずに、何と締め切りまでに願書を提出することができなかったのです。

「必要な書類」というのは大使館の証明書でした。当時の小澤さんは正式な留学生ではなかったため、在仏の日本大使館から相手にされず、証明書を発行してもらえなかったようなのです。

しかし、どうしても諦めきれずに悶々としていたところ、当時、住まいをシェアしていたピアニストが「あそこなら知り合いがいる」といって在仏のアメリカ大使館に泣きつくことを勧めました。

わらにもすがる思いでアメリカ大使館に駆け込むと、文化担当者であったカッサ・ド・フォルテという女性が対応し、「あなたは良い指揮者か、悪い指揮者か」と問いました。小澤さんが大声で「私は良い指揮者だ」と答えると、カッサ・ド・フォルテは大笑いをし、すぐにブザンソン国際コンクールの事務局に電話をかけました。その結果、小澤さんは無事に応募を受け付けてもらうのです。

そして、そのコンクールで小澤さんは優勝します。

ふつうの人なら、在仏の日本大使館に相手にされなかった時点で、諦めます。ところが、小澤さんは在仏のアメリカ大使館に駆け込みました。日本大使館で相手にされなかったのだから、アメリカ大使館で相手にされるわけはないと、ふつうなら考えるところです。しかし、24歳の小澤さんは、そうは考えなかった。まさに「ダメもと」の発想です。

小澤さんの発想は、一見、無謀にみえて、実は理にかなっていたのです。仮にアメリカ大使館にも相手にされなかったとして、損害が拡大することはありません。つまり、**新たな損害はゼロです。**だからこそ、小澤さんはアメリカ大使館に駆け込んだ。もし、小澤さんが「ダメもと」の失敗を恐れ、アメリカ大使館に駆け込んでいなかったら、どうなっていたでしょうか。アメリカ大使館には駆け込まず、次のコンクールでの再起をはかっていたら……。

その次のコンクールで小澤さんが優勝できていた保証はありません。コンクールはやってみないとわかりません。不確実性の嵐のような場所がコンクールです。

よって、もし24歳の小澤さんがアメリカ大使館に駆け込んでいなかったら、その後の「小澤征爾」はなかったかもしれません。

私のデビュー作も「ダメもと」から生まれた

私自身も、「ダメもと」の失敗を恐れないようにしています。

私が最初に本を出版したときのことです。

大学院生だった私は『日経サイエンス』の編集部に原稿を持ち込みました。「これ、書いたので読んでください」と。当時の編集長の餌取章男さんが大学の先輩だったということもありました。

すると、餌取さんは「ああ、わかりました」といってくれたので、私は「おー！ダメもとでもやってみるもんだな」と思いました。しかしその矢先、「でもごめん、今日僕、これから辞表を出しに行くんだ」というのです。

「ええー!?」と拍子抜けしていると、餌取さんはコーヒーを出してくれて、「僕はやめちゃうけど、担当者にこれ一応渡しておくわ」といってくれました。

それが、後に私のデビュー作となった『アインシュタインと猿』です。

そして、その一部始終を聞いた親友の茂木健一郎が、「何でそんなところにいきなり行ったんだ？」と訊くので、「ダメもとで行ったんだよ」と私は答えました。

すると、それ以降、茂木も「ダメもと」の挑戦を始めました。

それこそ、私から見ても「ええ!?　そんなことまでやるのか」と思うほどの「ダメもと」な挑戦を続けて、茂木は見事に脳科学者としての成功を勝ち取りました。

このように「ダメもと」の挑戦を勧めている私にいわせると、「どうせダメだから……」と失敗を決めつけて挑戦をしない人は、**勝手に思い込んでいるだけ**です。**失敗のシミュレーションをしているだけ**で、実際には何一つ失敗をしていない。ぜひ、その「何一つ失敗をしていない」ということに気づいてほしいと思います。それだけで、その人の未来は大きく変わる可能性があるのです。

そのことに私が気づいたのは、幸いにも、まだ子どもの頃でした。

私はアメリカのボーイスカウトに入っていたことがあります。

ボーイスカウトという組織は、子どもにいろいろなことをやらせ、いろいろな体験をさせます。そして、何かが達成できたときには勲章をあげるのです。

私が子ども心に「すごいな」と思っていたのは、みんな失敗を恐れずにチャレンジしていたことです。

例えば、人前に出て何かやってみなさいといわれたときに、多くの子どもは尻込みをします。子どもだって、人前に出るには勇気がいるのです。

しかし、それを何度も繰り返していくと、あるとき自分の気持ちが劇的に変わるのです。

そのことを私はボーイスカウトで学びました。

これを子どもの頃に学ぶと、大人になっても人前に出ることを恐れなくなります。それればかりか、人生が前向きに変わります。

「人前に出て恥をかいたって、人生がダメになるわけじゃない。むしろ、そんな経験を積めば、その分人生を豊かにできる」

そう思えるようになるのです。

第4章

ときには、わざと失敗をしてみる

テレビやラジオの仕事での失敗

私はテレビやラジオの仕事もしています。

テレビやラジオの仕事が、利益獲得型なのか損害回避型なのかは、判断の難しいところですが、少なくとも大局的には利益獲得型だといえます。想定される「利益」は、多くの視聴者やリスナーに支持されるという成果です。

テレビやラジオの仕事が、少なくとも大局的には利益獲得型であるならば、失敗をしても再起不能の損害を被ることにはなりません。

ただし、その辺は一筋縄でいかないところもあります。絶対に失敗してはいけない局面というのもあるのです。

例えば、全国ネットの生放送です。全国ネットの生放送で失敗をしてしまうと、自分が精神的にきつくなるだけでなく、以後、なかなか生放送の仕事が回ってこなくなります。

つまり、テレビやラジオの仕事は、大局的には利益獲得型であるけれども、全国ネットの生放送という局面では損害回避型といえるのです。

利益獲得型の課題に取り組むときには、**わざと失敗をしてみることが有効であったりします。**

利益獲得型では、9回くらい失敗をしても1回は失敗をしなければ、それが成功になったりするからです。それら9回の失敗のうちの1回くらいは意図的にやってみても大丈夫ということです。むしろ、その「意図的にやってみる失敗」を通してしか得られない経験や情報があって、かつ、その失敗で被る損害が十分に軽微であることがわかっている場合には、その失敗は積極的に体験しておくほうがよい、ということになります。

誤解を恐れずにいいますと、ローカルネットの収録では、わざと小さな失敗をしておいたほうがいいと、私は思っています。

一つは、ローカルネットでは全国ネットより損害が軽いからです。

もう一つは、収録であれば、その失敗による損害がバカにならない場合は「ここはカットします」で済まされるかもしれないからです。

テレビに不慣れな人がよくやる失敗は、間違ったカメラを見てしまうことです。そして、目が泳いでしまう。

これは、テレビに慣れた人もたまにやる失敗です。複数あるカメラのうち、撮っているカメラは光っているのですが、それを瞬時に見分けるのは難しいのです。

何度か目を泳がせる失敗をしておかないと、瞬時に見分けられるようには、なかなかなりません。

ローカルネットの収録に携わっている方々には申し訳ないのですが、ローカルネットの収録で何度か目を泳がせた結果、自信を持って全国ネットの生放送に臨めるようになるというのは、否定しようのない真実です。

もちろん、ローカルネットの収録であろうと全国ネットの生放送であろうと、不用意な失敗は避けるべきです。損害が自分ばかりか周りの人たちにも及ぶ場合は、おいそれと失敗はできません。

しかし、失敗を通してしか得られない情報や経験というものも確かにあるのです。

例えば、「ああ。やっぱり自分は、この種の言葉の発音が苦手なんだな」とか「こういう状況で、ああいうことをやったら、どうしても慌てちゃうんだな」といったことを確かめられるのです。

苦手な言葉や慌てやすい状況というのは、人それぞれに違うのです。

そういう情報や経験を手にするために、ときには、わざと失敗をしてみるということは、それなりに意義深いといえます。

そういう意図的な失敗の場として、リハーサルがあります。テレビの仕事では、よく「リハーサルでは失敗をしておけ」といわれます。

リハーサルというのは、そもそも失敗の素の洗い出しのためにやるからです。リハーサルで失敗をしないと、失敗の素の洗い出しができませんから、本番で失敗をする可能性が高くなるといえます。

実際、リハーサルではうまくいって、本番ではうまくいかなかったというケースを、何度も見てきました。

当然ですが、人は、リハーサルより本番のほうが緊張します。

緊張には、不安のある緊張と不安のない緊張があることは、プロローグで述べた通りです。

リハーサルで失敗をしておくと、失敗の素を洗い出せたことになるので、「あ、ここはちょっと注意しなければいけないな」などとわかります。そうした失敗の素が一つでもわかると、不安は弱まり、悪い緊張が良い緊張に変わったりするのです。

さらにいえば、リハーサルで全力を出しきる人は、ほぼ例外なく本番で失敗をします。

ふだんテレビに出ないゲスト出演者は、リハーサルでは上手に話すのですが、いざ本番となると、上手に話せない人が少なくありません。ディレクターは「リハーサルが本番だったらよかったのに……」と残念がります。

そこで考えられたのが、「リハーサル本番」という安全策です。収録の現場で用いられます。あまりにも収録のリハーサルがうまくいったときには、それを本番として使おうというアイディアです。

それは、当初は苦肉の策だったのかもしれませんが、リハーサルではうまくいくのに本番ではうまくいかないというゲスト出演者があまりにも多いことを逆手に取った見事な安全策といえます。


私自身も、テレビやラジオの仕事で数々の失敗をしてきました。

生放送の本番で「噛む」ということもやりました。

最初は落ち込みました。

でも、そういう失敗は誰にでもあることです。そこにいかないように、いかに予防線を張っておくか、あるいは、そこにいってしまったら、いかにスムーズに戻ってくるかという安全策を立てることこそが大切なのです。最近になって、身にしみてわかるようになってきました。

例えば、人によっては「噛む」ということを売りにしていたりします。最初に「私、よく噛むので！」と笑っていってしまう。

それは、一つの予防線なのです。もしかしたら、誰かが自分にとって発音しにくい言葉を代わりに引き取ってくれるかもしれません。

また、それは一つの安全策でもあります。そうやって「私、よく噛むので！」と笑っておけば、もし「噛む」ということをやってしまっても、ユーモアと受け取られることもありえます。

生放送で一番やってはいけない失敗は、時間内に番組が終われないというものです。たまにしかテレビに出ない学者さんが話をしていると、途中で番組が終わってしまうことがあります。

実は、私も同じ失敗をしたことがあります。

番組を見ている側は、「あーあ、途中で切れちゃった」と笑うだけかもしれませんが、番組を作っている側はディレクターが始末書を書くレベルの失敗です。いわゆる「放送事故」です。

このような「放送事故」には2種類あります。しっかり安全策を講じていた中での失敗と、安全策を講じていなかった中での失敗です。

例えば、番組の最後のまとめを、たまにしかテレビに出ない学者さんに任せたら、どうなるか。

その人は喋るのに精一杯です。目の前に示されたカウントダウンを見ながら終わらせるなんて無理です。なかには終わる5秒前から新たな話を始めてしまう人もいます。

これは、安全策を講じていなかったことが原因の失敗です。そういう学者さんに最後のまとめを任せてしまうというのは、そもそも無謀なわけです。いわばシステム的な失敗といえます。

こうした失敗を防ぐためには、ベテランのアナウンサーやMC（司会）に最後のまとめを任せればいいのです。それが、しっかり安全策を講じるということです。最後は必ずベテランのアナウンサーやMCが話を引き取って、「はい、ありがとうございました」とまとめると決めておく。そうすると、たいていは綺麗に終われます。

こうした安全策の発想は、ビジネスの会議でも功を奏するかもしれません。

どこの会社にも、ただ発言をするのが好きなだけの人がいます。そのような人が会議に参加していると、その人の発言だけが繰り返され、他の人たちは白けて沈黙を決め込み、まったく生産的でない会議になってしまいます。

そういう会議にしないようにするには、単なる発言好きの人の言葉を上手に引き取れるMC役の人に進行を任せればいいのです。そのような人が一人でもいれば、会社の会議はスムーズに流れ、ムダな時間を費やさずに済むでしょう。

なぜ番組のMCは二人いるのか？

ＭＣ役というのは、簡単なようで難しいのです。もし、あなたの会社にＭＣ役を巧くこなせる人が一人でもいるならば、もうけものだと思います。

そんなＭＣ役を巧くこなせる人が、テレビやラジオの番組では、たいてい二人いることにお気づきでしょうか。

面白いことを喋って番組を盛り上げるメインのＭＣの横には、そんなに面白いことを喋るわけではないサブのＭＣがいます。ＭＣ役が一人というのは、むしろ少ないのです。

なぜ一人よりも二人なのか。

これは、第3章で述べた「並列的」な考え方に則った安全策とみなせます。

一人で番組を進行させるというのは、「直列的」な考え方です。このやり方だと、一人のＭＣが何か失敗をしてしまったときに、多少なりとも番組が沈黙します。その沈黙が30秒も続くと、ラジオでは「放送事故」となります。

ラジオでは、とにかく喋り続けなければいけません。10秒も黙っていたら、リスナーは強い違和感を覚えます。ところが、どんなにベテランのＭＣでも、頭が瞬間的に真っ白になって喋れなくなる、ということが起こりうるのです。

そういうときの10秒はあっという間です。30秒だってあっという間です。

そんな場合に、もしＭＣが二人いれば、片方が頭を真っ白にしていても、もう片方が話を引き取れます。「ところでさあ〜」と言葉を継ぐだけで何とでもなる。二人同時に頭が真っ白になるということは、まず起こらないからです。

これなどは、まさに「並列的な考え方」といえましょう。

番組を盛り上げるメインのＭＣの横にサブのＭＣがいるのは、そうした理由によります。サブのＭＣの役目は、いつも周囲に気を配ることで「放送事故」が起こらないように備えることなのです。

リハーサルは学びの絶好の機会

失敗の素を洗い出すためにリハーサルをするという考え方は、テレビやラジオの現場だけでなく、あらゆるビジネスの現場で有効ではないでしょうか。

例えば、クライアント先で大事なプレゼンをするときに、リハーサルで失敗の素を洗い出しておく。リハーサルで同僚から厳しく突っ込まれたら、「ここは本番でも厳しく突っ込まれそうだな」と思って、十分に対策を練っておく。

逆に、リハーサルで同僚から厳しく突っ込まれなかったら、「このプレゼンの内容では、クライアントの注意を強く惹きつけられないのではないか」と思って、プレゼンの内容を練り直す。そういう軌道修正が可能になります。

慣れてきたら、わざとリハーサルで冒険をしてみるのもよいでしょう。同僚が厳しく突っ込みそうな意見を言い添えてみるとか、プレゼンにわざとエキセントリックな内容を加えてみるとか。

そうやって、リハーサルのプレゼンで、たくさん失敗をしておくことで、たくさんの失敗の素を洗い出すことができます。

それだけではありません。

失敗の素を洗い出したぶんだけ、同僚や上司や部下から、たくさんの助言や苦言をもらえるでしょう。厚意の助言の活かし方や、辛辣な苦言の受け止め方まで、さまざまなコミュニケーション・スキルを学べてしまいます。

リハーサルとは、まさに学びの絶好の機会なのです。

リハーサルを学びの機会にし過ぎると、もしかしたら、同僚や上司や部下から白い目でみられるようになるかもしれません。

しかし、そのうち、本番ではあまり失敗をしていないということに気づかれるようになり、あなたを見る同僚や上司や部下の視線は変わってくるはずです。

「あいつは本番に強い」という評価が得られ、大きな仕事が回ってくるようになるかもしれません。やりがいのある地位や役職に早くつけるかもしれません。

リハーサルは自分の能力を間接的にアピールする場にもなるのです。

リハーサルが学びの絶好の機会ということであれば、そのリハーサルに付き合う立場の人は、さらに慎重な姿勢が好ましいといえます。

同僚や部下のプレゼンのリハーサルに立ち合う機会は少なくないと思います。ときには上司のプレゼンのリハーサルに立ち合う機会だってあるでしょう。

そのときに、リハーサルに立ち合う側は、学びの絶好の機会を提供する側であるということを心に留めておくほうがよいでしょう。

ビジネスを受験にたとえると、リハーサルは模擬試験です。リハーサルをおこなう側は模擬試験の受験生です。リハーサルに立ち合う側は、模擬試験の主催者かつ出題者かつ採点者かつ講評者です。多くは予備校や出版社が担います。

つまり、リハーサルをおこなう側よりもリハーサルに立ち合う側のほうが、積極的で能動的な姿勢が求められることになります。

部下のリハーサルに立ち合う場合はもちろん、同僚や上司のリハーサルに立ち合う場合でも、こうした姿勢を忘れないようにしたいものです。

いわゆる受験産業では、予備校や出版社は、受験生やその保護者からおカネをもらっています。予備校や出版社は、受験生を顧客とみなし、サービスを提供しています。

受験生の選抜者である大学や高校などとは根本的に立場が異なります。予備校や出版社はサービス業者なのです。

この構図はリハーサルでも同様です。リハーサルをおこなう側は「顧客」です。リハーサルに立ち合う側は「サービス業者」です。そこで提供される「サービス」は、失敗の素を洗い出す機会です。いわば気持ちよく失敗をしてもらう機会です。

リハーサルに立ち合う側は、決して「選抜者」ではないのだということを忘れないほうがよいでしょう。

科学は、いかに楽しく失敗をしていくかということ

この章の冒頭でも述べたように、失敗しても被る損害が軽微であり、しかも有意義な情報や経験が得られることが期待できるなら、ときには、わざと失敗をしてみることが有効です。

こうした考え方は、きわめて科学的といえます。

科学とは、いかに楽しく失敗をしていくかの方法論です。それは、基本的には利益獲得型の仕事です。想定される「利益」は、世界をアッといわせる大発見をする、あるいは、便利で安全な科学技術を生み出すということです。

実際の科学の仕事は、まずは仮説を立てることから始まります。次に、その仮説の妥当性を調べる。実験や観察をして、その結果をもとにしっかり検証をする。最後に、その検証を踏まえ、新たな仮説を立てます。

ここで留意していただきたいことは、科学の仮説とは妥当性が黒か白かハッキリしないということです。常に灰色です。

私は、この仮説の妥当性を「グレー度」と呼んでいます。

科学というと、緻密な知識体系を思い浮かべる方が多いのではないかと思います。実際には、そうではありません。

科学の仮説は、今は灰色でも、いつかは黒か白かハッキリすると思われている方も多いと思います。

しかし、科学の仮説とは、そういうものでもないのです。おそらく、未来永劫ハッキリしないものです。

そうした仮説を集めて整理したものが科学の知識体系です。ですから、科学の知識体系というのは、そんなに緻密なものではないのです。

科学の緻密さは、仮説の妥当性を検証するプロセスにあります。科学者たちは、あらゆる仮説の「グレー度」を厳密に見積もり、実験や観察による検証を通して、その「グレー度」を厳密に見積もり直すということを日々やっています。

そのため、科学者たちは容易なことでは断定的な表現を用いません。「……であると考えられる」とか「……可能性が示唆される」といった暫定的な表現を用います。黒か白かハッキリしない仮説を扱うので、どうしても言い方が慎重になってしまうものなのです。

科学の世界とは、そうした「グレー度」がある世界です。

もし、科学の仮説が黒か白かをハッキリさせたら、どうなるのでしょうか。

ときに大失敗をもたらします。

あるとき、レントゲンのX線とよく似た放射線で「N線」と呼ぶべきものを発見したと主張し始めた科学者がいました。放射線が観察できる実験装置でX線を観察していると、X線の近くに何やらチラチラしたものが見えたので、「これはX線とよく似た別の放射線に違いない」と考え、世間に発表したのです。

「何？　N線？　それはすごい」ということで、他の科学者も同じような実験装置を作り、「N線」の観察を再現しようとしたのですが、誰がやってもうまくいかない。

しかし、その科学者がデタラメをいっている印象はなく、インチキであるとも思えませんでした。

「これは、どうしたことか」と不思議に思った人が、あるとき、「N線」を発見したと主張する科学者の実験室に足を運んで、その科学者が覗いていた実験装置を自分も覗いてみました。

するとと、確かに何かがチラチラと見えたのです。

後に、それは目の錯覚であることが判明しました。X線の近くでチラチラ見えていた何かは、物理的には存在していなかったのです。

その科学者は、なぜ存在もしない「N線」を発見したと主張してしまったのでしょうか。

それは、「N線」が「存在する」か「存在しない」かのどちらかであると思い込んでしまったからです。つまり、黒か白かをハッキリさせてしまったからです。「存在する」でも「存在しない」でもない「目の錯覚として存在する」という灰色の可能性を想定できなかった。それゆえの失敗でした。

次は、黒か白かをハッキリさせなかったことで失敗を免れた例をご紹介しましょう。

2011年9月、名古屋大学などが加わる国際共同研究グループ「OPERA」が「ニュートリノが光より速く飛んだ可能性がある」との実験結果を発表しました。「O

PERA」というのは「写真乳剤飛跡検出装置によるニュートリノ振動検証プロジェクト（Oscillation Project with Emulsion-tRacking Apparatus）」の英語表記に由来しています。

ニュートリノは素粒子の一種で、「中性微子」といったりもします。何種類かあるのですが、いずれも電気的に中性で、ごくわずかな質量を持っています。質量とは「重さ」とほぼ同じ意味だと思ってください。

アインシュタインの相対性理論によれば、わずかでも質量を持っている素粒子は決して光より速く飛ぶことはないとされています。したがって、「ニュートリノが光より速く飛んだ可能性がある」という実験結果は衝撃的であり、世界中の科学者たちが色めき立ちました。

しかし、OPERAの科学者たちは、きわめて冷静かつ慎重でした。彼らは「ニュートリノが光より速く飛んだ」とは発表しなかったのです。自分たちの実験やデータの解析が間違っている可能性を認めただけでなく、ニュートリノが光より速く飛んだことを前提とした新たな仮説を提唱したりもせず、「もし、私たちの実験やデータの解析が間違っていなければ、ニュートリノが光より速く飛んだと解釈せざるを得ない」ということを、そのまま発表したのです。つまり、黒か白かをハッキリさせずに灰色のままで発表したのです。

ふつうなら、「ニュートリノが光より速く飛んだ」というのは世紀の大発見かもしれないわけですから、かなり黒に近い灰色でもあえて「白」といって、それを前提に何か新たな仮説を提唱し、世間の耳目を集めようとしたくなるのですが、OPERAの科学者たちは、それをこらえました。

その後、他の研究グループによって、OPERAの間違いが発覚し、2012年6月、OPERAの科学者たちは自分たちの実験結果を撤回します。

もし、OPERAの科学者たちが、灰色のままで発表するという選択をせず、「ニュートリノが光より速く飛んだ」と断定していたら、どうなっていたでしょうか。

おそらく、彼らは世界中から信頼を失い、そのメンバーの多くが厳しい批判にさらされたでしょう。もしかしたら、研究費の返還を迫られたりしていたかもしれません。

彼らは、科学の仮説は黒か白かをハッキリさせられないものだと熟知していたからこそ、自分たちの実験結果に冷静かつ慎重でいられたし、その後、他の研究グループの指摘を受け、自分たちの実験結果を撤回でき、自分たちへの信頼を守れたのです。

科学の世界は、このように黒か白かハッキリさせられない「グレー度」がある世界です。

よって、多くの科学者たちが「グレー度」の変化を楽しんでいます。

いかに楽しく失敗をしていくかが科学だと述べました。

科学者という人たちは、自分の仮説の「グレー度」が自分の予想通りだと「何かつまらないな」と思うものなのです。反対に、自分の予想が大きく外れると「うわ！面白い！」と思います。

車いすの科学者として有名なスティーヴン・ホーキングは理論物理学が専門で、これまでに何回か重要な仮説の「グレー度」をめぐって賭けをしているそうです。

2012年に、ヒッグス粒子の存在が実験的に確認されたときも、ホーキングは、「ヒッグス粒子は存在しない」というほうに100ドルを賭けていたそうです。

ヒッグス粒子とは、物質に質量をもたらすメカニズムに欠かせない粒子として、1964年に存在が予言された粒子で、その後、半世紀にわたって物理学者たちの関心の的でした。

賭けに負けたホーキングは、さぞかし残念がっていたかというと、そうではなくて、むしろ負けたことが楽しそうでした。

私は、ホーキングは、いつも負けるほうに賭けているのではないかと思っています。

そして、「ええ？　バカな！　面白い！」という実験結果が発表されたら、喜んで賭け金を払う。きっと「科学は人間の思い通りにいかないほうが楽しい」との信念があるのです。

黒か白かはハッキリさせないほうがいい

科学と同じ利益獲得型の仕事に取り組むときは、科学と同じように、なるべく**黒か白かをハッキリさせないほうがいい**のではないかと、私は考えています。

科学の仮説が、いつも「グレー度」で見積もられるのは、科学の仮説が正しいか間違っているかを画一的には判断できないからです。

いわゆるビジネスの世界にも、そのような曖昧さがないわけではありません。失敗をすれば損害を被り、失敗をしなければ利益が得られるというのが原則ではあるのですが、特に利益獲得型のビジネスでは、どれくらいの損害や利益が出るかはもちろんのこと、それを長い目でみたときは損害なのか利益なのかがわからないということさえ、よくあります。つまり、**失敗をしたのかしなかったのかがよくわからないこともある、**ということです。

例えば、ある作家が本を出版したところ、ごくわずかな人たちにしか見向きをされなかったので、そのうちに忘れられるのだろうと思っていたら、10年が経ち、20年が経ち、50年が経っても売れ続けている。やがて、その作家が亡くなっても売れ続けて、いつしか歴史に残る名著となっていた。そんな例は、いくらでもあるのです。

利益獲得型のビジネスでは、失敗か失敗でないかは、すぐに決められないことも少なくないのです。これを失敗の「グレー度」と呼びましょう。

失敗の「グレー度」の認識は欧米と日本とで、かなり異なります。

日本では失敗の「グレー度」がほとんど認識されていません。利益獲得型のビジネスであっても、「失敗は、すぐにそれとわかること」との認識が根強くあります。

ですから、日本人は「失敗か失敗でないか」「ゼロか100か」の両極端に走りがちです。つまり、失敗の「グレー度」が認識されていないのです。

そんな日本人が利益獲得型のビジネスを進めていくと、どうなるか。

「失敗しちゃいけないんだ」という気持ちが先行し、「だったらマニュアルに頼ろう」となり、**ビジネスが硬直化し、チャレンジ精神が生まれにくくなってしまいます。**

一方、欧米では失敗の「グレー度」が広く認識されています。「失敗にはいろいろな段階があり、ゼロから100までグラデーションがついている」と柔軟に考えます。そのため、ビジネスが硬直化することはなく、チャレンジ精神が生まれやすいのです。失敗の「グレー度」の認識は、そのまま社会の活力と結びついているような気がします。

日本社会が最も活発だったのは、近年に限れば、戦後の1950年代といえます。というのは、この時期、日本社会にはマニュアルがなかったからです。

戦争に負けて、江戸、明治から日本人が脈々と作り上げてきたシステムが一旦リセットされてしまいました。

そのときの日本人は、失敗に対しても今とは違う考え方を持っていたと考えられます。すなわち、「ダメもと」の失敗に寛容な精神です。

なぜなら、そのときの日本社会には、もう失うものは何もなかったからです。戦後の日本は再スタート地点だったのです。

老舗の中小企業の多くが廃業したり倒産したりしました。財閥系の大企業では、人が入れ替わりました。特に指導的な立場にいた人たちは総入れ替えとなりました。G

HQによって、いわゆる「公職追放」がおこなわれ、それまで官公庁や大企業の要職にあった人たちが、一定期間、その要職についてはいけないことになったためです。

それによって、風通しがよくなったわけです。

そして、若い人たちの裁量権が大きくなって、自由な発想が歓迎される社会になりました。新しい社会では、ビジネスが硬直化することはなく、チャレンジ精神が生まれ、失敗の「グレー度」が広く認識されるようになりました。

そうした社会が戦後の日本の経済復興を支えたのです。


現在の日本はどうでしょうか。

昭和も終わりになって、経済が成熟しきってしまい、日本社会は長い間、停滞から抜け出せずにいます。みんなが現状に満足し、失敗の「グレー度」を忘れて一律に失敗を恐れるようになりました。

すなわち、いつの間にか**自分たちの社会を「失敗が許されない社会」に変えてしまった**ということです。

２０１２年、ようやく政府が発想を変えて「アベノミクス」という大胆なことを始めました。

これは「もう恐れるものはない。もう一度やってやろう！」というチャレンジ精神を取り戻すフェイズに、日本社会が差し掛かってきたということではないでしょうか。

だとしたら、これからは、少しぐらい失敗をしても許される社会、失敗の「グレー度」が広く認識された社会に、少しずつ戻っていくのではないでしょうか。

アメリカがイノベーションに強いわけ

いわゆるイノベーション（innovation）は利益獲得型の成功例の典型でしょう。「イノベーション」というと、なかには第2章で取り上げたブラックボックスやレーシックのような技術革新を思い浮かべる方がいらっしゃるかもしれません。

しかし、いわゆるイノベーションは、もっと幅広い概念です。まったく新しいアイディアの提案や新しい価値観の創造もイノベーションの一つなのです。

そのようなイノベーションを得意とする企業をイノベーションカンパニーといいます。

イノベーションカンパニーを多く生み出しているのは、アメリカです。「アップル」「マイクロソフト」「グーグル」、どれもアメリカで誕生しました。

アメリカは、なぜ多くのイノベーションカンパニーを生み出しているのでしょうか。

それは、もちろん、これまでの章で述べてきたように、アメリカでは失敗のフィードバックが徹底しているからです。

このことを少し違った角度からご説明しましょう。

キーワードは**「事前調整型」**と**「事後調整型」**です。

日本の会社の多くは事前調整型です。事前に社内や社外の関係者が根回しをし合うことで、会社の意思決定がスムーズにおこなわれます。

これに対し、アメリカの会社の多くは事後調整型です。事前に関係者で根回しをし合うなんてことはしない。「えいや！」でやってしまい、そのあと何かトラブルが起きたら「実は……」と交渉を始める。

典型例としてアップル社が挙げられます。

「アップル」とは、何ともシンプルで響きのよい社名ですが、その社名をつけたときから、アップル社は訴訟を起こされていました。

当時、ロックバンドのビートルズが「アップル・コア（Apple Corps）」という社名の会社を持っていて、そのアップル・コア社から訴訟を起こされていたのです。

ちなみに、「corps（コア）」は「団体」とか「隊」くらいの意味で、「核」とか「芯」の「core（コア）」とは別の単語です。

創業者スティーブ・ジョブズは、おそらくアップル・コア社の存在を知っていたと思います。しかし、「アップル」という社名がシンプルで響きがよかったので、「えいや！」で社名にしてしまった。

そして、アップル・コア社から訴訟を起こされると「実は……」と、「アップル」という商標登録の権利を5億ドルで買う用意があることを表明したのです。

訴訟は決着し、アップル社は晴れて「アップル」を正々堂々と名乗れるようになりました。

もし、同じことを日本でやろうとしていたら、どうなっていたでしょうか。

例えば、「りんご」という社名にしようと思った創業者がいて、それを役所に届けたところ、「りんご団体」という会社が「りんご」を商標登録していると告げられ、「社名を変えてください」といわれます。仮に、役所から「訴訟覚悟でなら、どうぞ」といわれて許可が下りたとしても、その創業者は「訴えられるのは嫌だな」と考え、別の社名を考えるでしょう。

アメリカでは、そういうことはありません。ときには訴訟を厭わないのがアメリカ人です。良い意味でも悪い意味でもアメリカは訴訟社会です。

このことは、アメリカが社会全体で事後調整型であることを示しています。裁判などは事後調整の最たるものでしょう。

これに対し、日本は社会全体で事前調整型なのです。だから、日本では訴訟が少ないといえます。

役所による規制の多さ少なさも関係しているといえます。

事前調整型の日本では、役所がさまざまな規制をもうけ、トラブルが起こらないように予防線を張っています。事後調整型のアメリカでは、役所は、できるだけ規制をもうけないように努めています。いったんトラブルが起こってから、もしどうしても必要なら、そのときに規制をもうけます。

いわゆるイノベーションは、事前調整型の社会では、必ず芽のうちに摘み取られてしまうものです。

イノベーションとは、新しいアイディアや価値観を生み出すことが本質です。新しいアイディアや価値観の多くは、古いアイディアや価値観を否定することから始まります。

当然、トラブルが多発します。

「ユーチューブ」が好例です。他人が作った動画をネットで勝手に流せるようにするということは、事前調整型の日本では「あきらかに著作権の侵害である！」となります。トラブルをなくすために、そのような動画は厳しく取り締まられます。

しかし、事後調整型のアメリカでは、「たしかに、古い価値観では著作権の侵害だが、もしかしたら、これはイノベーションかもしれないから、今後、もしトラブルがどんどん増えていったら、そのときは著作権の侵害として取り締まろう」となります。

アメリカがイノベーションに強いのは、そうした事後調整型を社会全体で「よし」とする風潮があるからでしょう。

第5章

失敗からは学び、成功からは学ばない

エア・カナダ143便の事故、「そんなバカな！」という燃料切れ

飛行機が高度1万2000メートルで燃料切れを起こしてしまったという歴史的な航空事故があります。この事故はヤード・ポンド法とメートル法との混用というヒューマンエラーによって引き起こされてしまったものです。

1983年7月23日、エア・カナダ143便がカナダのケベック州モントリオールを飛び立ち、アルバータ州エドモントンへ向かいました。

当時のエア・カナダは、ヤード・ポンド法からメートル法への移行の最中で、143便の機体は最初にメートル法を用いたものでした。

事の発端は離陸の前に起こります。燃料タンクの残量を把握するシステムの故障です。

目的地への飛行に必要な燃料の重さは2万2300キログラムでした。よって、そ

の重さの燃料がタンクにあれば目的地へ到達できます。

しかし、タンクの残量を教えてくれるシステムが故障しています。残量を正確に把握しない限り、どれくらい注ぎ足せば2万2300キログラムになるかがわかりません。

仕方なく、パイロットや給油係はタンクの残量を燃料計測棒で測ることにしました。これは、車のエンジンオイルをオイルレベルゲージという棒で測るのと同じ原理です。原始的な方法ではありましたが、「最も確かな方法だろう」と考えられたのです。

その結果、残量は体積にして7682リットルであると測りとられました。測りとられたのは重さではなく体積でした。この「7682リットル」という体積を重さに換算しなければ、注ぎ足すべき燃料の重さがわかりません。給油係らは、重さを体積に換算する比重の値を用い、「7682リットル」が何キログラムかを求める必要がありました。

ここまでは何の間違いもありません。

この後で間違いが起こりました。

「7682リットル」が何キログラムに相当するかを求める際に、本来であれば「リットル」を「キログラム」に換算する比重を使うべきところ、「リットル」を「ポンド」に換算する比重を使ってしまったのです。

この燃料の「リットル」を「キログラム」に換算する比重は「0.803（kg/L）」です。「リットル」を「ポンド」に換算する比重は「1.77（lb/L）」です。

その結果、残量の重さは、実際には「7682×0.803」で「約6168キログラム」であったにもかかわらず、「7682×1.77」で「1万3597キログラム」とされてしまいました。

よって、注ぎ足すべき重さは、実際には「2万2300キログラム」から「6168キログラム」を引いた残る重さ、つまり「1万6132キログラム」であったにもかかわらず、「2万2300キログラム」から「1万3597キログラム」を引いて残る「8703キログラム」とされてしまったのです。

さらに悪いことに、実際に給油するときは、もう一度、体積に換算しなければなりません。

本来の注ぎ足すべき燃料は「1万6132キログラム」であり、それを「0.803（kg/L）」で割って「2万0089リットル」と計算されるべきところ、「8703キログラム」を「1.77（lb/L）」で割って「4916リットル」と計算されてしまったのです。

つまり、飛行機は、必要な継ぎ足し量の4分の1も注ぎ足されずに飛び立ちました。それゆえに、高度1万2000メートルで燃料切れが起こったのです。

失敗のいきさつが詳しくわかったあとでなら、「そんなバカな！」と思ってしまう信じられないような出来事なのですが、パイロットや給油係たちは、この失敗に最後まで気づきませんでした。

それでも、「何かが、おかしい」という不安にも似た違和感は残り続けたといいます。

当然です。プロローグや第2章で述べたように、人の感情というのは、こういうときこそ重要な手がかりを与えてくれます。

飛行機の運航は損害回避型の仕事です。いかなる失敗も許されません。燃料切れを起こして墜落すれば、再起不能の損害を被ることは火をみるよりも明らかでした。

そこで、彼らは計算をやり直してみることにしました。

しかし、結果は同じでした。

それでも「何かが、おかしい」と思って、もう1回、計算をやり直してみました。

そうしたら、また同じ結果が……。

それでも「何かが、おかしい」と思って、さらにもう1回。

合計3回も計算をやり直してみましたが、答えは同じでした。

当たり前です。同じ比重で計算していたわけですから。

いくら計算しても答えが同じなので、「それなら、飛ぼう」と機長のピアソンが決断を下します。「比重がおかしい」ということには誰も気づきませんでした。


目的地のエドモントンに行く途中に経由地のオタワがありました。

何の問題もなくオタワに到着すると、機長のピアソンらは、今度は燃料計測棒を使って、残量の体積を測り直すところからやり直しました。そして、測りとった残量をもとに、もう一度、計算をやり直してみました。

それでも、結論は同じでした。「タンクには目的地に到着できるだけの燃料がある」という結論です。

当然なのです。ここでも同じ比重を使っていましたから……。

飛行機は、燃料の継ぎ足しをしないまま、目的地に向かって離陸しました。

そして、警報装置が鳴り始めます。燃料切れを意味する警告音でした。オンタリオ州レッドレイクという場所の上空を高度1万2000メートルで飛行中のことでした。

機長のピアソンはダイバート（divert）を決断します。

「ダイバート」とは、目的地以外の空港などに緊急着陸をすることです。

ダイバートの候補地には、ウィニペグという空港が選ばれました。

ところが、その数秒後に左側エンジンが停止、右側エンジンのみで着陸を試みざるをえないことになりました。

機長のピアソンらにしてみたら、選択の余地はありません。彼らの仕事は損害回避型です。損害回避型では、仮に損害が回避できないことが明らかでも、その損害をできるだけ小さく抑えるために、最後まで諦めてはいけません。

右側エンジンのみでの着陸について、ウィニペグの管制官と打ち合わせをしていたそのときに、今度は「ボーン」という今まで誰も聞いたことのないような長い警告音が鳴りました。その警告音は「全エンジン停止」を意味していました。

それから数秒後に右エンジンが停止。警告音の通りでした。

エア・カナダ143便は、上空8500メートルの高度で、すべての動力を失い、操縦室は静寂に包まれたといいます。

操縦席に備えられた計器類の多くは作動に電力を要し、全エンジン停止とともに、それら計器類の作動も停止しました。

しかし、幸いなことに、電力を要さないアナログ計器類を併用していたため、その一つである高度計や降下率計によって、機長のピアソンは、自分たちが今どれくらいの高度をどれくらいの速さで降下しているのかを正確に知ることができました。

それによって、その高度から可能な滑空距離を求めることができました。

燃料切れの警告音が発せられた時点での高度は1万2000メートル。全エンジン停止の時点での高度は8500メートル。

燃料が切れてから全エンジンが停止するまで、かなりの速さで降下してはいましたが、まだ十分な滑空距離が期待できました。

機長のピアソンは諦めません。「何とかなる」とピアソンは見込んでいました。それは根拠のない勝算ではありませんでした。

アナログ計器類は高度計や降下率計だけではありません。対気速度計、方位磁石などもありました。ピアソンは再起不能の損害を回避するのに必要な情報、つまり、乗客・乗員の全員を無事に陸へ降ろすのに必要な情報をたしかに得ていたのです。

さらに、エア・カナダ143便は、万一の事態を想定した「救世主」とも呼べる装置を備えていました。非常用風力発電機「ラムエア・タービン」です。これは、飛行機がすべての動力を失ったときに、風車のようなものを自動的に機体側面にポコンと出して、それがクルクル回ることによって、機体制御のための最低限の電力を供給する装置でした。

失敗から学ぶことは多く、成功から学ぶことは少ない

「救世主」のラムエア・タービンが作動したにせよ、再起不能の損害を回避できる道筋がはっきり見えてきたわけではありません。

機長のピアソンらは、大空の彼方で乗客・乗員の全員を無事に陸へ降ろすという難題に向き合うこととなりました。

全エンジンが停止したとき、機長のピアソンらは緊急マニュアルを開いたといいます。しかし、そのマニュアルに「全エンジン停止」という項目はありませんでした。つまり、高度８５００メートルで全エンジンが停止するという事態は、そのマニュアルでは想定されていなかったということです。

それは、彼らにとって第２の不運でした。

第１の不運は、こうなるまで比重の間違いに誰も気づかなかったということです。

しかし、彼らは幸運に恵まれてもいました。

第1の幸運は、副操縦士のクィンタルが、近くに着陸できそうなところがあることを知っていたことです。カナダ空軍のギムリー基地です。

クィンタルは元軍人でした。かつて勤務していた軍の基地を思い出したのです。

アナログ計器類からピアソンやクィンタルが弾き出した滑空距離は、当初のダイバート候補地であったウィニペグには届きません。右エンジンが生きていたら何とかなったようですが、右エンジンも死んでいましたから、どうしようもなかったのです。

ここで、クィンタルがギムリー基地のことを思い出していなかったら、ピアソンもクィンタルも、いわゆるパニックの心理、極度の不安を抱き、何か新たな失敗を重ね、墜落の可能性を高めていたかもしれません。

しかし、クィンタルがギムリー基地のことを思い出したことで、望みがつながりました。

「それなら、ギムリー基地を目指そう」

二人は極度の不安を抱かずに済んだのです。

第2の幸運は、機長のピアソンの趣味がグライダーだったことです。ピアソンは、全エンジン停止の状態で、いかに失速をせずに高度を保ちながら滑空するかを、趣味のグライダーの経験から熟知していました。

このピアソンのグライダー経験によって、エア・カナダ１４３便はギムリー基地の付近まで無事に滑空状態を維持したのです。

そして、最後の着陸体勢に入る際に、ピアソンは、これもグライダーの経験から「フォワードスリップ機動」という技術を用い、高度を下げていきました。フォワードスリップ機動は、機体を傾けながら、ゆっくりと確実に降下していく滑空技術で、このとき乗客は斜め前方に滑っていく感覚を覚えたそうです。

機体がギムリー基地のゴルフコースの上空を通り過ぎたとき、ある乗客は「ゴルファーが何のクラブを使っているかが見えるくらいだった」と取材陣に話したそうです。最後は、本当に地上スレスレを滑空していたのでしょう。

そして、いよいよギムリー基地への着陸が試みられるわけですが、ここで第３の不運と第３の幸運とが同時に発生します。

第３の不運とは、ギムリー基地は副操縦士のクィンタルが軍を去ったあとに閉鎖されていたことです。クィンタルはギムリー基地が閉鎖されていたことを知らなかったのです。ギムリー基地は、このときは民間空港になっていて、さらに折悪《おりあ》しく、この日は大勢の民間人らが滑走路の近くで自動車レースを楽しんでいました。

その一方、第3の幸運が発生します。機体は着陸に備えて前輪を出していたのですが、出された前輪が固定されず、結局は胴体着陸を強いられたことでした。

これが幸いしました。というのは、もし前輪が固定され、胴体着陸にならなかったら、機体は自動車レースの会場に突っ込んでいた可能性が高かったからです。

胴体着陸を強いられたために、機体と滑走路との間に摩擦が生じ、機体は会場の数十メートル手前で止まり、自動車レースを楽しんでいた民間人らに死傷者は出ませんでした。

また、この胴体着陸によって乗客・乗員にも死者は出ませんでした。

ただ、着陸後に小規模の火災が発生し、脱出を慌てた乗客10人が怪我を負いました。しかし、それらの怪我人は、その場にたまたま居合わせていた医師によって適切に処置されました。

こうして、高度1万2000メートルで起こった燃料切れによる事故は、誰も再起不能な損害を被ることなく収束したのです。

エア・カナダ143便の事故の特徴は、典型的な損害回避型の失敗をしてしまいながら、なぜか再起不能の損害を回避することには成功した、というものです。**失敗と成功とが同居した**のです。

それゆえに、私たちは、この事故から、**「失敗から学ぶことはいかに多くて、成功から学ぶことはいかに少ないか」**ということを如実に実感することができます。失敗には常に必然的な理由があるのです。不思議な失敗というものはありません。ところが、成功には必然的な理由がないことが多々あります。**不思議な失敗はないのに、不思議な成功はある**のです。

エア・カナダ143便の失敗は明らかです。

高度1万2000メートルで燃料切れを起こしたことです。

では、なぜ高度1万2000メートルで燃料切れを起こしたのか。

比重の計算を間違えたからです。

では、なぜ比重の計算を間違えたのか。

比重の値が間違っているはずはないと思い込んでしまったからです。

では、なぜ比重の値が間違っているはずはないと思い込んでしまったのか。

おそらく、エア・カナダがヤード・ポンド法からメートル法への移行の最中であったからです。

ヤード・ポンド法とメートル法とを併用する場合は、いかなる思い込みも排除しうる十分なチェック体制を相応のコストと引き換えに構築したほうがよかった、ということが強く示唆されます。

よって、以後、似たような単位の移行を試みる場合、あるいは、複数の単位系を併用する場合には、人は些細な思い込みから取り返しのつかない失敗をやってしまうものだということを考慮に入れる必要があることを、私たちは学ぶことができます。

一方、エア・カナダ143便の成功の理由も明らかです。

なぜ一人の死者も出さずに済んだのか。

それは、機長のピアソンがグライダーを趣味にしていたこと、副操縦士のクィンタルが元軍人であったこと、機体の前輪が固定されなかったことの三つです。

では、以後、機長はグライダーを趣味とすべきで、副操縦士には元軍人をあてるべきで、機体の前輪は固定されないようにしておくべきか。

そんなわけはありません。そんなふうにしても、成功を繰り返すことが期待できないのは明らかです。

では、どうやったら、同じ成功を繰り返すことができそうか。

残念ながら、同じような幸運が立て続けに起こることを祈るくらいしか思いつきません。

このように、失敗から学ぶことは多く、成功から学ぶことは少ないのです。

エア・カナダ１４３便の事故は、そのことを端的に示しています。

100億円が一瞬で宇宙の塵と消えた

失敗から学ぶことは多く、成功から学ぶことは少ないのですが、人は、なかなか失敗からは学ぼうとせず、つい成功から学ぼうとします。

エア・カナダ143便の事故は貴重な失敗であったにもかかわらず、その失敗から十分には学ばれなかったことをうかがわせる事故が、その後に起こりました。

エア・カナダ143便の事故から16年後の1999年9月23日、あのアメリカのNASAが、ほぼ同じ失敗をしているのです。「ほぼ同じ失敗」というのは、ヤード・ポンド法とメートル法との混用による失敗です。

1998年12月11日、フロリダ州ケープカナベラル空軍基地から火星探査機が打ち上げられました。その探査機の呼称は「マーズ・クライメイト・オービター（Mars

Climate Orbiter)」。その名の通り、火星（Mars）の気象（Climate）を長期的に調査するための軌道衛星（Orbiter）でした。

探査機「火星気象衛星《マーズ・クライメイト・オービター》」は、火星の表面から約１５０キロの高度の軌道を回りながら、火星の気象の変化などを探る予定でした。

１９９９年９月23日、火星付近に到着した「火星気象衛星」は、高度１５０キロの軌道に進入するため、主エンジンを燃焼させました。その後、「火星気象衛星」は火星の裏側に隠れ、地球との交信が途絶し、約30分後に火星の表側に現れ、地球との交信を再開する予定でした。

ところが、予定の時刻になっても、地球との交信が再開されることはありませんでした。「火星気象衛星」のオペレーションにかかわったスタッフが一様に肩を落とした瞬間でした。

その後、いくら待っても交信が再開されることはなかったので、「火星気象衛星」は想定外の現象によって破壊されたと判断されました。

「火星気象衛星」は、なぜ破壊されたのか。

後年の事故調査委員会が明らかにしたことは、「火星気象衛星」が、予定されていた高度１５０キロの軌道ではなく、高度57キロの軌道に進入したために、大気との摩擦に耐えられずに破壊されてしまったらしい、ということです。

高度が低いと、軌道を速く回らなければなりません。また、大気の密度も濃い。よって、探査機には、より過酷な摩擦力がかかるのです。

では、なぜ「火星気象衛星」は、高度１５０キロではなく、高度57キロの軌道に進入してしまったのでしょうか。

「火星気象衛星」のオペレーションには、二つのチームがかかわっていました。一つは探査機に実際の指令を出すチームで、もう一つは指令に必要な、正確な計算をおこなうチームです。

ところが、指令を出すチームはメートル法を使っていて、計算をおこなうチームはヤード・ポンド法を使っていたのです。その結果、誤った指令が探査機に送られ、進入高度が大幅にずれてしまいました。異なる二つの単位系が併用されていたことに、最後まで誰も気づきませんでした。

「火星気象衛星《マーズ・クライメイト・オービター》」には９４００万ドル（約１００億円）の予算がかかっていまし

た。

ヤード・ポンド法とメートル法との混用による失敗で、この100億円が一瞬にして宇宙の塵と消えました。

16年前のエア・カナダ143便の失敗がまったく活かされなかったことに驚きます。人は、かくも失敗から学ぶことができないのです。

失敗のフィードバックが徹底しているアメリカでさえ、そして、科学技術の最高峰と目されるNASAでさえ、こうなのです。

ちょっと暗い気持ちになってしまいます。


ところで、異なる二つの単位系が併用されていたことに、なぜ最後まで誰も気づけなかったのでしょうか。

さらなる検証がなされました。

その結果、いろいろな遠因が浮かび上がってきました。

その一つが、当時のNASAが取り組んでいた機構改革です。

当時のNASAの長官は、ダニエル・ゴールディンという人物でした。彼は、機構改革のスローガンとして、「Faster, Better, Cheaper」を掲げました。すなわち、「より早く、より良く、より安く」です。

このスローガンは当初から不評でした。

「いくらＮＡＳＡでも、その三つを同時に満たすなんて無理だ」と。

実際、このスローガンが掲げられてから失敗が増えたことを示すデータがあったそうです。

検証の結果、「火星気象衛星《マーズ・クライメイト・オービター》」の予算は全体の30パーセントほど、つまり、３０００万ドル（約32億円）ほど足りなかったと結論づけられました。再起不能の損害を回避するのに必要なチェック体制の構築に、十分な予算が回っていなかったとのことです。

本来、ＮＡＳＡは、このようなチェック体制の構築を重視する組織でした。

しかし、長官ダニエル・ゴールディンが掲げた「より早く、より良く、より安く」のスローガンによって、「火星気象衛星」が打ち上げられる頃は、コスト削減が盛んにおこなわれていました。つまり、再起不能の損害を回避するのに必要だった予算・計32億円が削減されていたということです。

その結果、100億円がムダになってしまったばかりか、NASAは、ある意味、再起不能の損害を被りました。

この「火星気象衛星」の事故によって、1995年から2005年までに火星探査機を継続的に打ち上げるというNASAの壮大な10年計画が、中止に追い込まれたのです。

ここでみなさんに考えていただきたいと思います。

NASAの長官ダニエル・ゴールディンは、なぜ「より早く、より良く、より安く」のスローガンを掲げたのか。

当然ながら、ヤード・ポンド法とメートル法との混用を招くために掲げたわけではありません。彼には彼なりの信念があったでしょう。

私が想像するに、それは「NASAにもコスト意識は必要だ」という信念でした。

NASAはアメリカの政府機関の一つです。運営は税金で賄われています。納税者からのおカネです。粗末に扱うわけにはいかない。

また、多くの組織が、あえてコスト意識を重視することで、パフォーマンスを上げることに成功していました。

NASAの長官ダニエル・ゴールディンは、そうした組織の成功から学ぼうとしたのではないかと想像します。

しかし、これが落とし穴なのです。

おわかりになりますでしょうか。

失敗から学ぶことは多く、成功から学ぶことは少ない。人は、成功から学ぼうとするあまり、失敗から学ぶことがおろそかになってしまうのです。

NASAの長官でさえ、その例外ではなかったのです。


では、長官ダニエル・ゴールディンの挑戦は無意味だったのでしょうか。

そうではありません。

彼の「NASAにもコスト意識を!」の挑戦は、それなりに価値があったと、私は考えています。

NASAの仕事は、大局的には利益獲得型です。想定される「利益」は、宇宙開発や宇宙探査によって、宇宙の知識を手にし、宇宙への理解を深め、ひいては100年先、１０００年先の子孫たちが享受できる科学技術を確立することです。

　こうした大局観に立てば、１００億円の損失や10年計画の中止は、再起不能の損害とまではいえません。

「火星気象衛星《マーズ・クライメイト・オービター》」を失い、10年越しの火星探査計画は再起不能となりましたが、ＮＡＳＡそれ自体が再起不能になったわけではありません。

　長官ダニエル・ゴールディンの「ＮＡＳＡにもコスト意識を！」の挑戦は、１００年ないし１０００年のスパンでみた場合は、そんなに的を外したものではありませんでした。ＮＡＳＡの仕事は、大局的には利益獲得型であるからです。長官ダニエル・ゴールディンの挑戦は、決して無思慮でも無意味でもなかったのです。

NASAになくて「はやぶさ」にあったもの

10年越しの火星探査計画をやり遂げられなかったNASAの失敗は、おそらくは組織論で語られるべきものです。

「NASAにもコスト意識を！」を唱えた長官ダニエル・ゴールディンは、大局観に立てば、価値のある挑戦をおこなったといえます。

もし、彼に過ちがあったとするならば、**局面を見誤った**ことです。正確には、10年越しの火星探査計画にかかわったメンバーに局面を見誤らせたことです。

JAXAの「はやぶさ」では、プロジェクト・マネジャーの川口淳一郎さんが「はやぶさ」のオペレーションにかかわった人たちに局面を見誤らせることはありませんでした。

もし、川口さんが「より早く、より良く、より安く」とおっしゃっていたら、どうなったでしょうか。

おそらく「はやぶさ」も「火星気象衛星《マーズ・クライメイト・オービター》」と同じ運命をたどったはずです。「はやぶさ」のイオンエンジン4基のうち3基までが止まって、地球への帰還が絶望的になってしまったとき、その危機的状況を打開したのは「はやぶさ」のエンジン担当・國中均さんのクロス回路でした。

國中さんの「遊び」であったクロス回路の仕込みによって、止まってしまった3基のイオンエンジンのうち2基から1基分の推進力を回復させることができ、「はやぶさ」は見事に地球へ帰還しました。

クロス回路を仕込むことは、コスト意識からはずれています。「より良く」はともかく、「より早く」や「より安く」には反していたに違いありません。

もし、川口さんがクロス回路の仕込みを事前に相談されていたら、どうなっていたでしょうか。

どんなプロジェクトでも、日程の遅延は嫌われます。「より早く」を重視するあまり、「そういう回路は必要ない」と川口さんがおっしゃっていた可能性がなかったとはいいきれないでしょう。

実際、川口さんは打ち上げの前にはクロス回路のことをご存じなかった節がありま す。

それは、決して川口さんの落度ではなく、むしろ、川口さんのリーダーとしての資質を雄弁に語っているといえます。

エンジンのことはエンジン担当の國中さんに委ねる。細かなことまではチェックしない。そういう固い意思の現れではなかったでしょうか。

そして、そうした川口さんの意思にきちんと応えた國中さんには、フォローワーとしての資質があったのです。大局的な俯瞰はリーダーに委ね、自分の持ち場に迫りくるあらゆる局面を想定し、それら一つひとつの局面に備えた対策を練っておいたのです。

その対策の一つがクロス回路であったに違いないのです。

「はやぶさ」のプロジェクトには、リーダーとフォローワーとががっちりスクラムを組んだ抜群のチームワークがありました。

10年越しの火星探査計画に取り組んでいたNASAには、それがなかった。

もちろん、「はやぶさ」とNASAとでは組織の規模が桁違いなので、単純な比較はできません。しかし、もし、長官ダニエル・ゴールディンの下に「はやぶさ」のエンジン担当・國中均さんのようなフォローワーが多くいれば、ＮＡＳＡは、「火星気象衛星《マーズ・クライメイト・オービター》」を失うこともなく、10年越しの火星探査計画を最後までやりとげていたかもしれません。

日本はチームワークに優れている

この本では欧米の日本よりも優れている事例を多く取り上げてきました。

では、日本は欧米にかなわないのでしょうか。

そんなことはありません。日本が欧米よりも優れているところだって、たくさんあります。

その一つがチームワークの良さです。

日本は欧米よりもチームワークに優れているといわれます。

それは、日本には「はやぶさ」のエンジン担当・國中均さんのような優れたフォローワーが多いからです。

その分、「はやぶさ」のプロジェクト・マネジャー川口淳一郎さんのような優れたリーダーが少ないという難点はあるのですが、ことチームワークに関していえば、リーダーよりもフォローワーの才覚や力量のほうが重要だと、私は考えています。

つまり、優れたフォローワーが多い日本では、チームワークの形成が巧くいきやすいということです。

そして、優れたフォローワーは、ときに優れたリーダーにもなります。これは、この本の監修をお願いした徳永さんの持論である、「日本では、優れたフォローワーは優れたリーダーになる。優れたリーダーは優れたフォローワーになる」という考えによります。


明治の頃、日露戦争で日本陸軍の満州軍総参謀長を務めた児玉源太郎は、開戦前は内務大臣と台湾総督という二つの要職を兼務していました。

そこへ、当時、日本陸軍の参謀総長だった大山巌から、自分の部下になって欲しいとの依頼が舞い込みます。対露戦争計画を練っていた部下が過労で急死してしまったので、その仕事を引き継いで欲しい、との依頼でした。

当時の参謀総長は、陸軍大臣と並ぶ陸軍のツートップで、内務大臣と台湾総督とを兼務していた児玉とは、ほぼ同格です。しかも、児玉は陸軍大臣の経験者でした。

つまり、大山の依頼は、同格の同僚に「自分の部下になってくれ」と要求するに等しかったのです。

児玉は、この依頼を受諾します。台湾総督の職には留まったのですが、内務大臣の職は辞し、大山の幕僚として対露戦争計画を引き継ぎました。

時に児玉源太郎51歳。それは誰の目にも明らかな降格人事でした。

しかし、この降格人事なくして、明治の日本が対露戦争を乗り越えることはできなかったと、その後の歴史家たちは考えています。

児玉は、なぜ降格人事を受け入れることができたのでしょうか。

一つは対露戦争の開戦準備という局面の重大性を十分に認識していたから、もう一つは大山のリーダーとしての素質に信頼を寄せていたからと考えられます。

大山は、大局的にはリーダーシップを存分に発揮しながらも、個々の局面では部下の裁量に委ねることのできるリーダーでした。大山の下でなら良きフォロワーでいられる。そうした読みが、児玉にはあったといわれています。

その後、日本は対露開戦に踏み切ります。

児玉は、引き続き大山の下で、対露戦争の陣頭指揮を担います。

あくまでリーダーは大山でした。大山が示した大局的な方針を踏まえ、個々の局面での実務を一手に引き受ける。児玉は大山の下でフォロワーに徹したのです。

そういう児玉も、台湾総督としては大局観に立ってリーダーシップを存分に発揮しました。

当時、台湾には後藤新平がいました。後藤は、その後の関東大震災で、内務大臣と帝都復興院総裁とを兼務し、震災復興の全権を任されたとされる人物です。

児玉は、台湾総督としては大局的な方針はきちんと示し、個々の局面では実務をすべて後藤の裁量に委ねたといいます。その一方で、大山の幕僚としては、大山の示す大局的な方針に従った。

児玉は、優れたフォロワーであり、優れたリーダーでもあったのです。

日本の歴史をひもといていくと、時々、児玉源太郎のような人物に出会います。

もう一人だけ例を挙げましょう。

鎌倉幕府の第7代執権・北条政村です。

鎌倉幕府の執権といえば、第5代の北条時頼や第8代の北条時宗が有名です。時頼は能の『鉢の木』のエピソードで有名であり、時宗は元寇を防いだリーダーとして有名です。時宗は時頼の子でした。

北条政村は、時頼よりも20歳ほど年上で、時宗よりも45歳ほど年上でした。北条家の本家ではなく分家の出身だったので、本来は執権に就くはずのない人でした。あくまでフォローワーとして、リーダーである時頼や時宗を支える立場だったのです。

ところが、第5代執権・北条時頼が病気になって執権の座を去ることになりました。跡継ぎの時宗は幼く、執権の座を引き継ぐことができません。

そこで、時頼の義兄である北条長時という人物がリリーフとして執権の座を引き継ぎました。ところが、その長時も病気になってしまいます。

政村はリリーフのリリーフとして第7代執権の座に就くことになりました。おそらく、フォローワーとしての才覚や力量を買われてのことだったと考えられます。

時宗が成長し、そろそろ執権の座を引き継げそうだというときに、元寇が起こります。

執権だった政村は、リーダーとしての大局的な視点から、元寇に対処するために鎌倉幕府の結束を固めるには、分家の自分ではなく、本家の時宗がリーダーであることがふさわしいと判断し、執権の座を時宗に明け渡します。

そして、もう一度、自分はフォロワーに戻って、年若いリーダーである時宗を支えたのです。

この政村の判断なくして日本が元寇を乗り越えられたかどうかは、大いに疑問といえましょう。

日本が元寇を乗り越えられたのは、「神風」が吹いたからだといわれます。「神風」とは、九州の博多湾に押し寄せた元軍の大船団を一夜にして壊滅させたといわれる暴風雨のことです。

しかし、鎌倉幕府が執権の座をめぐって内紛でも起こしていたら、博多湾の守備は崩壊し、あっという間に九州全域が元軍の手に落ちていたかもしれません。そうなってから暴風雨になったところで、日本にとって良いことは何もなかったはずです。

日露戦争のときの児玉源太郎といい、元寇のときの北条政村といい、彼ら二人はフォロワーとしての役割とリーダーとしての役割との両方を熟知していました。

彼らが加わったチームは見事なチームワークを発揮しました。二人ともフォロワーとして優れていて、かつリーダーとしても優れていたからだと考えられます。

このような人物を輩出する土壌があるからこそ、日本はチームワークに優れているのだといえます。

成功から学ぼうとしてはいけない

ここで留意していただきたいことがあります。

それは、この章で繰り返し述べてきたことです。すなわち「失敗から学ぶことは多く、成功から学ぶことは少ない」ということです。

日本は欧米よりもチームワークに優れていると述べました。近年の「はやぶさ」のプロジェクトを始め、日露戦争も元寇も、どれも成功といってよいでしょう。

よって、これらの具体例から私たち日本人が学ぶことは少ないといわざるをえないのです。

人は、成功からではなく、失敗からこそ学ばなければなりません。決して、成功から学ぼうとしてはいけません。成功から学ぼうとすることは、必然を捨て、偶然に頼ることを意味するからです。

失敗には必然があるけれども、成功には多かれ少なかれ偶然が絡んでいます。

この本で、日本の劣っている点ばかりを私が述べてきたのは、私が日本人であり、日本人が失敗から学ぶべきことについて述べているからです。そのことを、どうかお忘れにならないようにお願い致します。

最終章

想定の及ばない失敗にも備える

地球規模の大失敗、温暖化は本当に止まったのか

地球温暖化は、もしかすると、地球規模の大失敗を意味しているのかもしれません。もし、人類が自分たちの文明の維持や発展のために温室効果ガスを大気中に排出し続けた結果、地球環境が著しく変化し、自分たちが生存できないようになってしまえば、それは地球規模の大失敗といえます。

人類は再起不能の損害を被ることになるかもしれません。つまり、地球温暖化に備えることは損害回避型といえます。

ところで、みなさんは、実は、ここ15年ほどは平均気温の上昇が止まっているということをご存じでしょうか。

産業革命が始まった18世紀から現代の21世紀までの平均気温の変化を見ていくと、

近年では100年あたり0・85℃ほどのペースで上がっています。平均気温が100年あたり1℃ほどのペースで上昇すると、地球環境に深刻な影響が及ぶと考えられています。

例えば、アイスランドの氷山は、平均気温の上昇のペースが〝しきい値〟を超えると、すべてが一気にとけ切るかもしれないといわれています。そして、その〝しきい値〟とは「100年あたり1℃」と推定されています。もちろん、「1℃」で起きるとは限りません。もしかすると「4℃」かもしれません。もし、「4℃」であれば現在は「0・85℃」なので、まだ「3・15℃」の余裕があるということになるわけですが、実際は「1℃」かもしれません。

もし、アイスランドの氷山がとけ切ってしまうと、地球上の海面は8メートルほど上昇するといわれています。そうなれば人類にとっては再起不能の損害です。

標高が満潮時の平均海面より低い土地のことを「ゼロメートル地帯」といいます。日本のゼロメートル地帯は、高潮などに備え、堤防や水門が設けられています。

しかし、海面が8メートルも上昇してしまったら、そういった設備は無力です。ゼロメートル地帯は確実に海面の下に沈みます。

それだけではありません。何と日本の主要都市の多くも沈んでしまうと考えられています。東京や大阪や名古屋などの日本の主要都市の多くはゼロメートル地帯に隣接しているからです。

恐ろしい話です。

実際には、そうした海面の上昇は１００年や２００年といったスパンで、ゆっくりジワジワと起こると考えられています。海面が８メートルの津波のように一気に上昇することはないはずです。

だからといって、問題の深刻さが無視できるわけではありません。

「ゆっくりジワジワと海面が上がってくるだけなら、どんどん標高が高いほうに逃げればいい」と考える人もいるかもしれません。

しかし、その移転にかかるコストは膨大です。東京や大阪や名古屋などをすべて移転させることなど可能でしょうか。土地の問題もあります。

「では、余計な海水を宇宙に捨ててはどうか」と考える人もいるかもしれません。

これもコストの問題が立ちはだかります。というのは、ロケットで１リットルの水を宇宙に捨てるのに１００万円が必要との試算があるからです。

海面の8メートルの上昇を抑えるのに必要な排水量を考えれば、主要都市を山の上に移すほうがまだ安上がりなのです。

また、それだけの水を宇宙に捨ててしまったら、地球上の生態系が破綻しないとも限りません。

「平均気温の上昇を100年あたり1℃以内のペースに抑える」という目標が、いかに私たち日本人にとって重要かということが、よくわかります。

気候変動に関する政府間パネル（Intergovernmental Panel on Climate Change, IPCC）という国際組織があります。この組織は、平均気温の上昇を産業革命の前と比べて2℃以内に抑えるという目標を掲げています。

平均気温の上昇を2℃以内に抑えれば、何とか産業革命の前の地球環境を保てそうだとの見通しがあったからです。

この目標は何とか実現の可能性を残しています。

ところが、平均気温の上昇を100年あたり1℃以内のペースに抑えるという目標については、かなり実現が危ぶまれてきました。

というのは、20世紀の後半になって平均気温の上昇が一気に加速しているらしいことがわかったからです。

そんな中で、突然、朗報がもたらされました。20世紀末からの15年ほどは、平均気温が横ばいになっている、つまり、「１００年あたり０℃」になっているらしいというのです。

このことをもって、一部の人たちは「地球温暖化は止まった」といい始めました。

「もう温室効果ガスの排出を制限する必要はない」

そんな声も出始めました。

本当にそうなのでしょうか。

早合点してはいけないことは、「平均気温の上昇が止まった」ということが、「地球温暖化が止まった」ということを直ちには意味しない、ということです。

平均気温は地球の大気に溜まった熱の量を反映しています。

地球温暖化とは、地球全体に溜まった熱の量を問題にしています。

地球温暖化は本当に止まったのか。

そのことを確かめるには、地球の大気に溜まった熱の量だけでなく、大気以外の部分に溜まった熱の量も増えていないことを確認しなければなりません。

こういう場合に、科学者たちは第三章で述べた**「並列的」な考え方**をとります。どれか一つの仮説に傾倒することなく、幾つも仮説を考え出すのです。いかなる仮説も黒か白かをハッキリさせられないからです。

大気の熱が地下に逃げたのではないか。

あるいは、海に逃げたのではないか。

あるいは、宇宙に逃げたのではないか。

宇宙に逃げたのであれば、たしかに地球温暖化は止まったといってよいでしょう。しかし、その場合、なぜ宇宙に逃げたのかが気になります。

あるいは、そもそも太陽からやってくる熱が減った可能性もあります。

太陽の活動が弱まったのではないか。

あるいは、人類の地球温暖化対策が予想以上に功を奏したのではないか。

これら仮説のうちの一つを支持する研究結果が、海洋研究開発機構という日本の独立行政法人によって発表されました。

海洋研究開発機構は「アルゴフロート」という海中観測機を世界中に3600個ほ

どばらまき、さまざまな海域のさまざまな深さで海水の温度を測定しました。アルゴフロートは海面から2000メートルの深さまで自動的に沈んでいき、自動的に浮き上がってくることができます。その過程のさまざまな深さで海水の温度を測定することができるのです。

それでわかったことは、ここ15年ほどは、深海が熱を吸収したために平均気温の上昇が止まっていたらしいということでした。つまり、地球の大気の熱が海に逃げていたために、見かけ上、地球温暖化が止まったようにみえていたらしい、ということです。

この研究結果が発表されるまでは、平均気温の上昇が止まった理由を誰も説明できませんでした。どの仮説も、ほぼ同等に灰色だったからです。

それにもかかわらず、「地球温暖化は止まった」といい始めた人たちが出てきたのです。それは、はなはだ非科学的な主張でした。

ものごとを科学的に考えることの重要性がみてとれます。もし、その人たちの言い分が通ってしまっていたら、人類は世紀の大失敗をやらかしてしまっていたかもしれません。

というのは、深海が大気中の熱を吸収するメカニズムには約15年の周期があるようなので、もしかしたら、次の15年では熱を吸収しないかもしれません。あるいは、放出さえするかもしれません。

そうなれば、平均気温は猛烈に上がるはずです。20世紀後半よりも、さらに加速度的に上がります。１００年に１℃のペースを軽々と突破してしまい、地球の各地で海面上昇が深刻化するでしょう。

海面上昇だけではありません。平均気温が上昇すると、地球の各地で「極端現象」という気象現象が起こると考えられています。極端な豪雨や極端な熱波、極端な寒波が襲ったり、極端に猛烈で巨大なハリケーンが生じたり……。まさに天変地異の多発です。「人類存亡の危機」といってもよいでしょう。

「そんなの、映画や小説の中でしか知らないよ」という人も少なくはないと思いますが、みなさんはいかがでしょうか。

実際、人の想像力には限界があります。日々、地球温暖化対策に取り組んでいる人たちでさえも、「人類存亡の危機」を実感できないでいるという人は少なくないと思います。

「人類絶滅」を想定できるか？

「人類存亡の危機」を実感できないのは、「人類絶滅」を想定できないからです。

ぎりぎり想定できるのは「自分個人の死」くらいまでではないでしょうか。

それだって、平均寿命の年齢を大きく下回っているうちは、かなり難しいことです。平均寿命の年齢を越えると、人は自分が死ぬことはある程度は想定しますが、「人類絶滅」は想定できません。自分が死んだ後も、自分の子や孫の代が残っていると思えるからこそ、人は自分の死を想定し、受け入れようとするのです。

ここに地球温暖化対策の落とし穴があります。**人は自分の想定の及ばないことに対しては（そもそも想定をしないので）きちんと備えることが難しい**というものです。特に天変地異の類は人の想定が及ばないことが多く、どうしてもきちんと備えることができません。

この本の監修をお願いした徳永さんは、2011年3月の東日本大震災で被災しています。宮城県の沿岸部は、まさに想定が及ばない津波に襲われ、たくさんの方々が命を落とされました。徳永さんも「何か一つでも条件が違っていたら、自分も死んでいたのではないかと思いますね」といっています。

ところが、徳永さんは、宮城県の沿岸部に、あのような大きな津波が来るかもしれないということを、何と事前に知っていたというのです。

東日本大震災の数年前に、ある宮城県の郷土史家が、地元のローカルネットのテレビ番組に出演し、「残された史跡や文献によれば、いつかとんでもない津波が宮城県の沿岸部を襲って、数千人ないし数万人が亡くなるかもしれない」と主張していたのを見たのだそうです。

しかし、その番組の中で、当時の地震学では、そうした津波の可能性が真剣には想定されていないことも一緒に伝えられたため、大して気にも留めなかったといいます。

職場の病院の1階が津波に襲われて、はじめて「あのときの郷土史家の話は本当だったのか」と痛感したそうです。

人は、自分にとって都合の悪いことは、なかなか想定できないものです。

それでも、私たちは「人類絶滅」を想定しなければなりません。

地球温暖化対策は、正真正銘、損害回避型の課題です。「人類絶滅」という再起不能の損害を回避するためには、その損害がもたらされるメカニズムを分析し、それを被らないで済む手立てを、並列的な考え方に則って、講じなければなりません。

そうした並列的な考え方の枠組みの中に原子力発電があります。

地球温暖化と原発事故との関連性

地球温暖化対策を並列的な考え方で捉え直すと、原子力発電の選択肢を簡単には捨てられないことに気づきます。

２０１１年３月の東日本大震災で起こった原子力発電所の事故は、地球温暖化対策の観点からも捉えなければなりません。

政府は、東日本大震災で原子力発電所の事故が起こるまでは、「地球温暖化を防ぐために、原子力発電を推進すべきだ」との見解を後押ししていました。というのは、原子力発電は火力発電よりもはるかに少ない温室効果ガスしか排出しないで済むからです。

「原子力発電を推進すれば、火力発電がいらなくなる。当然、火力発電による温室効果ガスの排出は抑えられる。さらに、原子力発電の電気で電気自動車を走らせれば、車のガソリンによる温室効果ガスの排出も抑えられる。まさに、原子力発電の推進によって温室効果ガスの排出は加速度的に抑えられていく」

そういう論法でした。それを世論も何となく支持していました。

ところが、東日本大震災で原子力発電所の事故が起き、社会の空気は一変します。政府は、もはや「原子力発電を推進すべきだ」とは安易にいえなくなりました。

東日本大震災のあと、日本の原子力発電所は次々と稼動を停止しました。

ところが、その一方で、電気自動車の台数はどんどん増えています。電気自動車で使う電気は、火力発電によるものです。太陽光発電や風力発電は、まだ電力を安定的に提供できる仕組みになっていません。つまり、日本での温室効果ガスの排出は、東日本大震災のあと、増加に転じているのです。

これは、人類全体で取り組んでいる地球温暖化対策の足を日本が引っ張っていることに他なりません。

もう一度、繰り返します。

地球温暖化対策は損害回避型の課題です。「人類絶滅」という再起不能の損害を回避するための取り組みです。

そのような損害を確実に回避していくには、直列的な考え方ではなく、並列的な考え方をとらなければなりません。

「原子力がダメなら火力で！　火力がダメなら太陽光・風力で！」

こうした考え方は直列的です。「人類絶滅」に向かって一直線に突っ走ってしまうかもしれません。つまり、東日本大震災のあとの日本は「人類絶滅」という地球規模の大失敗に向かって突き進んでいるかもしれないといえるのです。

これは大変に恐ろしいことだと、私は感じています。

このままいくと地球規模の大失敗が待っているだけかもしれないのに、なぜ多くの日本人は直列的に突き進もうとするのをやめないのか。

ひょっとしたら、「神風」が期待されているのかもしれません。

「神風」とは、第5章で述べたように、鎌倉時代の元寇で、九州の博多湾に押し寄せた侵略軍の大船団を一夜にして壊滅させたといわれる暴風雨のことです。

元寇以来、私たち日本人は、「これは！」という苦境に立たされたときに、「神風が吹いてくれる」と信じたがる傾向にあります。日本人の悪いクセです。

人類全体で取り組んでいる地球温暖化対策の足を引っ張っている日本にとって、「神風」とは何を意味しているのか。

それは、「原子力がダメなら火力で！　火力がダメなら太陽光・風力で！」の一直線の先にあるものです。

何があるか、みなさん、おわかりになりますか。

一つは、太陽光発電や風力発電における目覚ましい技術革新です。「原子力がダメなら太陽光や風力がある」と考えている人たちの頭の中に、この「神風」が入っていることが多いようです。

しかし、２０１４年現在、太陽光発電や風力発電には、原子力発電や火力発電のような安定性を期待できません。

例えば、いくら太陽光発電の設備を増やし、効率を上げ、発電量を増やしたところで、天候の影響に左右されるのは防ぎようがありません。風力発電も同様です。太陽光発電や風力発電では、起電力が安定的でないために、原理上、十分な蓄電が難しいのです。

よって、「そのうちに太陽光発電や風力発電における目覚ましい技術革新が起きて、原子力発電や火力発電の代わりになるかもしれない」といっているような人は、ただ「神風」が吹くのを待っているだけといえます。

もう一つ、「神風」があります。

それは核分裂によらない原子力発電の確立です。具体的には、核融合が念頭に置かれています。

これまでの原子力発電では、原子核が分裂する際に放出されるエネルギーを発電に回しています。分裂した原子核の残骸が、いわゆる「核のゴミ」です。

核融合では「核のゴミ」は出ません。水素の原子核が融合してヘリウムの原子核になるときに放出されるエネルギーを発電に回します。水素は水から作られ、水は地球上のそこら中にあるので、もし核融合による原子力発電が実現したら、人類のエネルギー問題は一気に解決するでしょう。

核融合による原子力発電は、地球環境の保全という観点からも、究極的といえます。なぜなら、核融合は太陽の原理そのものだからです。これほど地球環境の保全に適した発電はないといえましょう。太陽があってこその地球なのですから。

しかし、２０１４年現在、核融合による原子力発電は「夢のまた夢」といわざるをえません。

「地球上に小さな太陽をつくろう」というプロジェクトがあり、現在、世界中で研究がされています。

しかし、進捗は十分でないようです。

私が学生だった1980年代には「核融合技術は今後数十年で実用化されるであろう」といわれていました。それから30年が経った2010年代に入ると「今後数十年で、もしかしたら実用化されるかもしれない」と、むしろトーンダウンしています。

よって、「そのうちに核融合による原子力発電法が確立され、人類のエネルギー問題は一気に解決するかもしれない」といっているような人もまた、「神風」が吹くのを待っているに等しいのです。

未来のテクノロジーの変遷を予測することは、どんな科学者や科学ジャーナリストにとっても困難です。

そして、そうした予測の8割は外れます。

私たちは「神風」が吹くことを期待しているわけにはいかないのです。

おわりに

〜アインシュタインの「生涯最大の失敗」

アルベルト・アインシュタイン。

科学にうとくても、この天才科学者の名前を知らない人はいないのではないでしょうか。一般相対性理論を1916年に提唱した理論物理学者です。

そのアインシュタインが、「生涯最大の失敗」と悔やんだ失敗がありま す。重力場方程式に「宇宙項」を追加したことでした。

重力場方程式とは一般相対性理論で中心的な役割を果たす数式です。

1917年、アインシュタインは、一般相対性理論をもとに、宇宙の根本的な仕組みを説明するという壮大な試みに着手しました。

当時、宇宙は永久に形を変えないと考えられていました。アインシュタインも「宇宙は静的である」ということを前提にしました。「静的である」とは、膨張も収縮もしていないという意味です。

ところが、それを前提に重力場方程式で計算をしてみると、どうもおかしな結果になります。宇宙は、宇宙の内部に存在するすべてのものの重力によって収縮して一点につぶれてしまうという結果です。

そこで、アインシュタインはあることを思いついたのです。

それは、宇宙には重力と同様に反重力も存在すると仮定し、重力場方程式に反重力の項を設け、宇宙が収縮して一点につぶれてしまうという結果にならないように帳尻を合わせることでした。この反重力の項をアインシュタインは「宇宙項」と呼びました。

しかし、1929年、アメリカの天文学者エドウィン・ハッブルによって、宇宙は膨張していることが強く示唆されました。「宇宙は静的である」ということを前提にできなくなったのです。反重力の存在を仮定し、新たに宇宙項を設ける意味はなくなりました。

アインシュタインは「宇宙項を追加したことは生涯最大の失敗だった」と悔やみ、宇宙項のアイディアを引っ込めてしまったのでした。

ところが、この話には続きがあります。

アインシュタインが「生涯最大の失敗」と悔やんでから70年近く経って、宇宙の膨張について新発見が得られました。宇宙は一定の速さで膨張しているのではなく、速さを増しながら膨張しているらしいということがわかったのです。

宇宙が速さを増しながら膨張することを説明するには、宇宙全体に反発力が満ちていると考えることが有効です。その反発力の要因としてダークエネルギーが想定されています。

「ダーク」とは「人の目にはみえない」くらいの意味です。ダークエネルギーは、現代天文学では実態を把握できないけれども、現代物理学では存在するに違いないと考えられています。

そして、このダークエネルギーの影響を一般相対性理論の重力場方程式に反映させるのには、あのアインシュタインが引っ込めてしまった宇宙項のアイディアが有効だというのが、２０１４年現在の物理学者たちの見解です。

ですから、もし今、アインシュタインが生きていたら、「宇宙項を追加したことではなく引っ込めたことが生涯最大の失敗だった」というかもしれません。つまり、アインシュタインは失敗に失敗を重ねて、思いがけない成功をつかみ損ねたといえるでしょう。

天才科学者にして、こうなのです。

人は、何と失敗多き存在なのでしょうか。

科学は、少なくとも大局的には、利益獲得型の課題です。

利益獲得型では、失敗が本当に「失敗」であるかどうかは、時が経たないとわからないこともあります。あえて失敗を「失敗」と考えずに、気長に様子を見ていく姿勢も、ときには有効です。

これに対し、損害回避型では、失敗が本当に「失敗」であるかを見極めることは許されません。「失敗かも」と思ったら、すぐにそれを「失敗」とみなし、対策を講じなければなりません。

アインシュタインが宇宙項のアイディアを引っ込めたのは、科学が利益獲得型の課題であることを忘れ、損害回避型の課題だと思い込んでしまったからかもしれないと考えることができます。

一般相対性理論を発表した1916年頃までのアインシュタインは、科学が利益獲得型であることを忘れなかったようにみえます。ところが、1921年にノーベル物理学賞を受賞した頃からは、どうだったでしょうか。地位と名誉を得て、人生が守りに入ってしまった結果、科学を損害回避型の課題だと思い込んでしまったのではないでしょうか。

そうかもしれません。

しかし、私は、この見方は当たらないと考えています。というのは、アインシュタインは、現代の物理学者なら誰もが認める量子力学を、終生、認めなかったからです。

量子力学の土台となったのは、アインシュタインの光電効果の研究です。この研究で、アインシュタインはノーベル物理学賞を受賞しています。よって、アインシュタインこそ量子力学を真っ先に認めてもよさそうだったのに、認めなかった。アインシュタインは決して「守り」に入ったわけではありませんでした。

アインシュタインは、時代の状況をつかみつつも自分の感性を信じ続け、最期まで常にベストと信じられる結論だけを提示してきたと、私は考えています。

宇宙項を追加したのは、それがベストだと信じられたから。後に、宇宙項を引っ込めたのも、その時は、それがベストだと信じられたから。

光電効果を発表したのは、それがベストだと信じられたから。その光電効果を土台にして成り立った量子力学を終生、認めなかったのも、それがベストだと信じられたから。

時代の状況を的確につかんで、自分の感性を盲信することなく、また、自分の感性を信じ続けて、時代の状況に惑わされることなく、利益獲得型の課題に取り組み続けたからこそ、アインシュタインは科学史に燦然たる名を残すことになったといえます。

アインシュタインの失敗は、おそらくは局面を見誤ったことの失敗で、大局を見失ったことによる失敗ではありません。

つまり、大局的には利益獲得型である科学の課題に取り組む中で、ときどき現れる損害回避型の局面を見落としたり、利益獲得型の局面を損害回避型だと思い込んだりしたことによる失敗です。

こうした失敗は、人である以上、なかなか避けられないと私は考えています。むしろ、こうした失敗をすべて避けようとしてナーバスになるほうが危険かもしれません。


ビジネスでも同じことがいえると、私は考えています。

ビジネスの多くは大局的には利益獲得型です。しかし、その中で、ときどき損害回避型の局面が現われます。その一方、大局的に損害回避型であるビジネスもあるでしょう。その中で利益獲得型の局面が現れることもあるでしょう。ビジネスに携わる上で絶対にやってはいけないことは、大局を見誤ることです。

利益獲得型なのに損害回避型だと思い込む。

損害回避型なのに利益獲得型だと思い込む。

これをやっていたのでは、ビジネスの世界から爪弾きにされるのは目に見えています。

しかし、大局を見誤りさえしなければ、アインシュタインのように成功を収めることができるかもしれません。

局面を見誤る失敗は、仕方がありません。それは、どんな偉人であっても、ついうっかりやってしまう失敗なのです。かのアインシュタインでさえ、そうだったのですから……。

最後になりますが、本書の企画から出版まで、出版プロデューサーの神原博之さん、総合法令出版の関俊介さんには大変にお世話になりました。心から感謝いたします。

そして、本書を読んでくださった読者のみなさんに、深謝。

竹内薫

監修者あとがき

実は私、この本の著者である竹内薫さんに大変な失礼をしたことがあります。

それは、まさに「失敗」でした。

2003年の秋、私は神経科学の大学院生でした。

ある学会でシンポジウムを企画し、パネリストとして脳科学者の茂木健一郎さんをお招きするとともに、竹内さんもお招きしようと考えました。

シンポジウムのテーマは竹内さんのご専門とは離れていたのですが、竹内さんが茂木さんの古くからのご親友であることから、神経科学・脳科学に縛られない視点で自由にご発言をいただこうと思ったのです。

竹内さんは快くお引き受けになりました。

ところが、具体的な打ち合わせが始まってすぐ、竹内さんからお怒りのメールが届きました。

私は、サーッと血の気が引くのを感じました。

竹内さんから届いたメールは次のような内容でした。

「こんなことは申し上げたくないのですが、あえて申し上げます。あなた方が提示された条件では、フリーランスの私には損失が出るのだということを、しっかりご認識ください」

学会は大学や研究所に勤める人たちの集まりです。みなさん、ふつうは固定給をもらっています。

よって、学会でのシンポジウムは基本的には手弁当です。移動費や滞在費はともかく、いわゆる「ギャラ」は出ません。

そんなシンポジウムへ固定給のないフリーランスの作家さんを招くには、細やかな配慮が必要なのですが……私は無頓着でした。

その学会の会期は3日間でした。

会期中は私たちのシンポジウム以外にも数多くのシンポジウムが催されます。どのシンポジウムをどの時間帯に催すかは、学会の主催者が全体のプログラムをみて決めるのが慣例でした。

よって、シンポジウムの日時が決まるまで、竹内さんは会期中のスケジュールをすべて空けておく必要がありました。「ギャラなし」の仕事のために3日間のスケジュールを空けておく。それは、たしかに損失でした。にもかかわらず、私は、こうした慣例のことを竹内さんに軽口まじりのメールでお伝えしていました。

そのお返事が、先ほどのお怒りのメールだったのです。

私の非はあきらかでした。


私は、すぐにお詫びのメールを出すことにしました。

まず、「移動費と滞在費は必ずお支払いします」とお約束をしました。実をいえば、財源のあてはなかったのですが、自分に非があるとわかっておりましたので、最終的には自分の財布から支払いをする覚悟でした。

次に、「シンポジウムの日時が直前まで決まらないのは、どうしようもないのです」ということを正直にお伝えしました。それは賭けでした。

「そういうことなら、私はお引き受けできません」とお断りをされるかもしれなかったからです。しかし、自分に非があるとわかっておりましたので、「ごまかしはしない」と決めました。

とにかく、できることとできないこととを明らかにし、できることは確実にお約束をすることで、せめてもの誠意をおみせしようと考えました。

この判断が正しかったかどうかは明らかでしょう。私は今もこうして竹内さんと一緒にお仕事をさせていただいております。

もちろん、その学会のシンポジウムはつつがなく催されました。

また、竹内さんがハッキリお怒りになっているのを私が拝見したのは、それ一度きりであることも付け加えます。

私が竹内さんのお怒りを知って血の気が引いたのは、「やっちゃったなぁ」という後悔や「どうしよう……」という不安の現れでした。後悔も不安も感情の一種です。

こうした感情に私が鈍感であったなら、私は現状認識を誤り、自分に非があるとわからず、さらに失敗を重ねたでしょう。竹内さんに「逆ギレ」のメールを送っていたかもしれません。

そうなれば、この本が出版されることもなかったでしょう。

失敗のフィードバックには正しい現状認識が必須です。現状認識では、感情が良きバロメーターとなります。感情は脳が無意識におこなう計算を反映していて、その計算は思いのほかに正確であるらしいからです。

そのことを私は自分の失敗から学びとりました。

徳永太

【著者】

竹内 薫（たけうち　かおる）

作家／理学博士
1960年東京生まれ。

東京大学卒。マギル大学大学院博士課程修了。

物理学の解説書や科学評論を中心に100冊あまりの著作物を発刊。

2006年には『99.9%は仮説　思いこみで判断しないための考え方』（光文社新書）を出版し、40万部を超えるベストセラーとなる。

物理、数学、脳、宇宙……など幅広い科学ジャンルで発信を続け、執筆だけでなく、テレビ、ラジオ、講演などの活動も精力的に行なっている。

ＮＨＫ「サイエンスZERO」のナビゲーター、ＴＢＳ「ひるおび！」のコメンテーターとしても活躍中。

【監修者】

徳永 太（とくなが　たかし）

精神科医
1973年生まれ。東北大学医学部医学科卒業。東北大学大学院医学系研究科・博士課程修了。医師、医学博士。
著書に、『健康法があやしい！』（宝島SUGOI文庫、2009年、共著）がある。

失敗が教えてくれること

2014 年 6 月 4 日　初版発行

著　者　　竹内 薫
監修者　　徳永 太

発行者　　野村 直克

発行所　　総合法令出版株式会社
〒103-0001
東京都中央区日本橋小伝馬町 15-18
常和小伝馬町ビル 9 階
電話　03-5623-5121

印刷・製本　　中央精版印刷株式会社

 ISBN978-4-86280-405-1
落丁・乱丁本はお取替えいたします。
総合法令出版ホームページ　http://www.horei.com/